滴翠诗丛选粹

1986—2016

芜湖诗词学会 编

安徽师范大学出版社
·芜湖·

责任编辑：侯宏堂　刘　佳
装帧设计：丁奕奕

图书在版编目(CIP)数据

滴翠诗丛选粹:1986—2016/芜湖诗词学会编. —芜湖:安徽师范大学出版社, 2016.9（2025.1 重印）
ISBN 978-7-5676-2494-8

Ⅰ. ①滴… Ⅱ. ①芜… Ⅲ. ①诗词－作品集－中国－当代 Ⅳ. ①I227

中国版本图书馆CIP数据核字（2016）第116103号

滴翠诗丛选粹（1986—2016）
芜湖诗词学会　编

出版发行：安徽师范大学出版社
芜湖市九华南路189号安徽师范大学花津校区　邮政编码：241002
网　　址：http://www.ahnupress.com
发 行 部：0553-3883578　5910327　5910310(传真)　E-mail：asdcbsfxb@126.com
印　　刷：阳谷毕升印务有限公司
版　　次：2016年9月第1版
印　　次：2025年1月第2次印刷
规　　格：700×1000　1/16
印　　张：20.5
字　　数：282千字
书　　号：ISBN 978-7-5676-2494-8
定　　价：98.00元

《滴翠诗丛选粹》编委会

（以姓氏笔画为序）

主　编	周正环		
副主编	张应中		
编　委	孙大科	李学槐	杨良月
	张应中	周正环	钱履正
审　稿	方　竚	刘　彪	孙文光
	吴季华	胡炳生	
编　务	马　燕	李士钦	姚建国

序

中国是一个诗的国度。中华传统诗词,是中华民族优秀传统文化中最优雅、最精致、最经典的组成部分。历代中华诗词所承载的民族精神,所达到的艺术高度,所传播的深度和广度,都足以证明,诗是我们中华民族文化的基因,是民族文化的灵魂。

芜湖这个地方,是个出诗的地方。这座文化古城,两千多年来孕育了一批又一批杰出的诗人,产生过大量的脍炙人口的诗词佳作。同时又以其独特的地理位置,迷人的山川形胜,吸引了历代的诗坛巨子,如谢朓、孟浩然、李白、李贺、杜牧、李商隐、苏轼、黄庭坚、米芾、李清照、范成大、杨万里、张孝祥等,在芜湖,或结庐安眷,或设塾课徒,或以诗会友,或驻足流连,留下了许多不朽的诗篇。

我们这个时代,是出诗的时代。国运昌,文运昌,诗运昌。中华民族正处在一个前所未有的发展时期,时代呼唤诗人。改革开放以来,全国各地对传统诗词学习研究与创作,出现了全面复苏和日益兴旺的局面,诗会诗刊雨后春笋般兴起,正是适应了这个时代的需要。于是,芜湖的诗词学会和诗刊《滴翠诗丛》,也应运而生了。“滴翠”二字取自黄庭坚当年在赭山的读书处“滴翠轩”,刊名本身就有着浓浓的诗意,加上由著名数学家兼诗人苏步青先生以他那刚毅厚重的书法亲笔题写,就更加意趣盎然了。

“诗,可以兴,可以观,可以群,可以怨。”这是孔老夫子对诗的意义和作用的经典论述。这不仅是对诗歌的社会功能的高度概括,也是对诗歌的美学作用和教育作用的深刻认识。在“兴”“观”“群”“怨”

四个字当中,“群”的涵义最为广泛。它既包括了相互的交流与切磋,也包括了传播与继承,还应该包括诗词内容本身的群众性与普及性。芜湖诗词学会和诗刊《滴翠诗丛》,作为承载这方面功能的平台和载体,都做得相当到位。

学会成立于1986年,我参加了成立大会。学会会员的组成,并不局限于芜湖市,还吸收了长江两岸周边市县的诗词爱好者。至于诗刊的用稿范围还要大得多,几乎遍及全国。其中不乏诗坛老手,就连中华诗词学会的会员、理事乃至《中华诗词》的主编、副主编,都为《滴翠诗丛》供过稿。当然更多的是江东子弟,以教师和公务员为主,其中不少人已相继退休,有的已经过世。同时,参与诗作之列的还有工人和农民。上至“九〇前”(19世纪),下至“九〇后”(20世纪),长幼相差100岁。长跨度大覆盖的包容,正是这部诗刊生命力之所在。

一晃三十年了。《滴翠诗丛》出版了41期,还出了多种专刊,总共刊载诗词20 000余首。这本诗刊由于坚持了“继承和发扬中华古典诗词的优良传统,积极为两个文明建设服务”的宗旨,因而越办越好,不仅成了学会会员的心灵家园,而且还产生了积极的社会效果,得到了诗词界与公众读者的认可,被国家图书馆和二十多家高校图书馆收藏。2015年经政府有关部门评审,芜湖诗词学会获得了4A级的社会团体称号。

为纪念芜湖诗词学会成立暨《滴翠诗丛》创刊30周年,学会决定选编《滴翠诗丛选粹》,将三十年来诗词创作的精华集中刊出,让更多的诗家和诗词爱好者分享,这是芜湖文化建设上一件功德无量的好事。《滴翠诗丛选粹》的编者倾注了大量的心血,经过反复比对和筛选,最终选定了478位作者的1 070多首诗词,堪称芜湖三十年来传统诗词的精粹之作。入选作品的每一位作者都附有生平简介,并按作者出生年份为作品排序,时代脉络清晰。主编周正环先生让我为这本选集作序,尽管我不是诗人,但我从小就是一个诗词爱好者,忝当此任,深感荣幸。因此我欣然应允。

“天意君须会,人间要好诗。”(白居易)诗人应当代表社会的良知,好诗应当弘扬真善美,鞭挞假恶丑,反映时代脉搏,唱出民众心声。为了作序,我通读了这部诗集的样书,感到入选作品多为因事而作,有感而发,少有浮泛应酬,无病呻吟,不失为一部好诗集。它的最大特色,就是把继承和创新结合起来,大量作品都能做到既按传统的艺术规律和诗词韵律要求去进行创作,又能充分体现时代精神,将许多老的题材,写出了新的意境。在这方面有许多名篇佳句。比如,刘彪先生的《步月桥》。咏拱桥的诗词连篇累牍,刘彪的《步月桥》别具一格:“一桥弓架两湖间,玉魄遥看总半弦。临水分明惊满月,浮沉各据五分圆。”他不仅描写了不同角度对步月桥丰姿的欣赏,更多是道出了对人生浮沉得失的感悟,富有哲理。方竚先生的咏史诗,既尊重史实而又能与时俱进。他的《咏史二首》之一:“乌江流水咽余哀,力拔山兮岂霸才。一死何堪酬父老,八千子弟未归来。”对盖世英雄项羽的评价,完全与众不同,而又令人叹服。在科技强军的今天,更有现实意义。像这样有新意的诗篇还有很多。比如,王庆农的《红烛》:“长夜为君伴,春风入绛帷。满腔融热血,点滴化光辉。赤胆常相照,素心终不违。金鸡催曙色,我自悄然归。”沈宗海《咏风》:“南北忽西东,倏来天地中。春舒杨柳绿,秋飒雾华浓。凉入朱门户,寒穿陋巷通。任人评善恶,潜影亦无踪。”这些诗篇,都有很好的意蕴。至于佳句,那就更多了。“卑枝争日多旁出,小蝶迎风却退飞。”(张溶川《谷雨》)“林中天使原无罪,巧舌如簧惹祸灾。”(张永松《笼中鹩哥》)“更有一泉平水韵,田园四季动吟哦。”(叶青才《农家清韵》)还有:“争食群鱼多惬意,笑它贪嘴总吞钩。”这是一位缝纫工人艾家保的《垂钓》诗,平实,深刻,而且入时。

这本诗集的时代精神,更多的是反映三十年来我国城乡面貌的巨大变化,反映人民群众也包括作者本身,在改革开放和高速发展过程中的获得感和幸福感,反映新时代的人们乐观向上的精神风貌。在这里,惜别诗,也没有那种悲悲切切;讽喻诗,也不是那种泄愤吐槽。至于反映日常生活,特别是老年生活的诗篇,更是情真意切,妙趣横生。有的诗人把这种生活叫“忙里度闲”。请听何庆善的《怡老吟》:“雕根刻石撰文章,老伴笑余无事忙。忙里度闲添乐趣,辛劳换得梦常香。”再听一位女诗人王巧智的《一剪梅·自嘲》:“身自安康心自平,诗韵耕勤,夫唱吾吟。满头纵使发如银,一样多情,一样精神。”就连老夫妻拌嘴,在诗人的笔下也是那样风趣,那样轻松:“不使晚年沉寂寂,故挑小衅铸风波。”(朱仕永《戏题老两口拌嘴》)

总之,只要你捧读了这本诗集,你可能就会爱不释手。

金庭柏

2016年6月于芜湖

目　录

方东白(1889—1969)

安徽庐江人。后迁居芜湖县清水镇。1927年任万春圩农民协会主任委员，为农民要求减租减息，代表农民与万春圩36家公司地主打官司，赴南京国民政府请愿。1950年被选为芜湖县第三届人民代表大会常务副主任。

困京感愤四首[1]

一年又暮，两鬓多斑，客馆凄凉，风雪匝地，伤自己之流亡，愁家乡之苦难，天高皇帝远，下情不能上达，一腔孤愤，如之奈何？

一

乌云瘴气已无天，吴下飘零一伍员。
协会堂空梁燕散，从何革命说农权。

二

风鹤频传感路遥，斯乡烽火照天高。
官僚地主相联系，农法空垂第二条。

三

漫天风雪太迷糊，打落江宁一雁孤。
痛哭秦庭尤未已，有何林肯解农奴。

四

两度石城求解危，巍巍政府小民卑。
年来农运如斯果，痛苦何能再忍时。

---

[1] 此四首诗，乃作者回首1927年万春圩农民抗租斗争及其所陷困境，感愤而作。(本书脚注，均为编者所加，特此说明。——编者注)

苏步青(1902—2003)

浙江平阳人。著名数学家、教育家，中国科学院院士。曾任复旦大学教务长、校长、名誉校长，温州大学名誉校长，全国政协副主席，全国人大常委会委员，民盟中央副主席。专长微分几何学，撰有数学专著10余部。热爱中华传统诗词，一生发表诗词500多首。1986年为芜湖诗词学会题写《滴翠诗丛》刊名。

暮秋偶成三首

一

种得东篱菊，重阳犹未开。风摇秋影瘦，雁唳塞声哀。
无处觅诗句，何人把酒杯。只将新铁笔，聊写旧情怀。

二

梦里知何处，醒来只自怜。江长离乱后，濑广水云边。
瀛海春犹在，蓝田玉不烟。临风怀旧雨，垂老续残篇。

三

何处最销魂，昨宵梦见君。年华终逝水，富贵亦浮云。
遗照寒灯影，征衫旧酒痕。西风不相扰，萝屋自敲门。

【注】

此中有哀思者，是由于1986年初夏老妻逝世之故。“江长”句，指抗战胜利后，携眷浮江东下。“濑广”句，指亡妻故乡仙台（日本）广濑川。“萝屋”，指复旦居舍，长满爬山虎。

游黄山区太平湖

好山好水此区珍，长与烟云作比邻。
第一峰前第一景，太平湖上太平人。
丹霞俯瞰林泉涌，绿岛回航风物新。

中外旅游佳丽地，悠然堧际[1]问芳津。

夜读《聊斋》偶成

幼爱《聊斋》听说书，长经世故渐生疏。
老来尝尽风霜味，始信人间有鬼狐。

边正方(1904—2000)

原名宝新，字月如，安徽合肥人。曾就读于闽南佛学院，住持九华山祇园寺，法名宏志，安徽省佛教协会理事。1946年还俗，以医名世。

滴翠轩补壁

轩名滴翠翠围轩，宝塔留云树接天。
我与涪翁[2]同一卧，不知谁费买山钱?

汪岳尊(1905—1999)

字石庐，号癯叟，安徽全椒人。曾任全椒县医院中医科副主任医师、安徽省中医协会理事、安徽省书协首届名誉理事、中华诗词学会会员。著有《石庐诗词存》《石庐联文存》等。

偶　兴

似水韶光不可还，朱颜久掩老年斑。
层楼偶上宜新月，怪石频堆梦小山。

---

[1] 堧际:此指黄土堤畔。

[2] 涪翁:北宋著名诗人黄庭坚,晚号涪翁。芜湖广济寺中的滴翠轩是其当年读书处,壁间至今尚存黄庭坚石刻造像。

自捻吟髭删旧稿，客来清话破余闲。
残寒七九应难恋，会见阳和煦大寰。

宛敏灏(1906—1994)

安徽庐江人。著名词学家、教育家。曾任安徽师范大学中文系教授，安徽师范大学图书馆馆长，芜湖诗词学会名誉会长。著有《二晏及其词》《张孝祥年谱》《张于湖评传》《张孝祥词笺校》《词学概论》《晚晴轩诗词选》等。

南乡子·《滴翠诗丛》创刊志庆

胜地话中江，曲误湖阴事渺茫。却喜昔贤沾溉远，温张[1]。滴翠归来泽并长。　港市灿朝阳，人物风流意气扬。健笔凌云追雅颂，琳琅。诗卷长新共景光。

丙寅七夕感赋

素壁空余倩影悬，蓬山一去渺云烟。
平生常味温馨梦，昨岁还矜钻石缘。
风雪翻江惊逝水，鹊桥遥望倏经年。
昔怜牛女相逢少，今羡双星毕竟仙。

【注】

1985年为予结婚六十周年纪念，西俗所谓钻石婚姻也。七夕曾与老伴闲话及此。今卿溘逝已逾八月，欲每年一度相逢亦不可得矣。

---

[1] 温张：指温庭筠和张孝祥。晚唐词人温庭筠来到芜湖，曾作了一首《湖阴词》，流传后世。南宋爱国词人张孝祥，字安国，号于湖居士，绍兴二十四年(1154)廷试状元。致仕后病逝于芜湖，生前捐田百亩，汇而成湖，即今之镜湖。有《于湖居士文集》《于湖词》传世。

浣溪沙·戊辰春节雪霁

少日欢娱视等闲，中年哀乐付云烟。老珍春节续新年。
夜雪缤纷澄玉宇，朝阳喷薄耀江山。诗情逸性绕毫端。

庆春泽

雪霁镜湖迎春，寻张于湖归来堂遗址，回顾赭山安徽师范大学。

快雪时晴，芳洲柳醒，镜湖又见春苔。指点山阿，依稀欲绽梅腮。岁寒松竹葱茏处，更树人，乐育英才。待春深，锦绣湖山，桃李争开。　词人韵事留佳话，尚墩传烟雨，堂说归来。遥想当年，空歌望断长淮。而今日月新天换，奋风雷，涤荡尘埃。喜凝眸，春色无边，春意盈怀。

迁寓小红楼宿舍

十年伤动乱，五度苦迁移。冬尽多春意，新来忆旧时。
风烟萦老树，桃李发芳枝。禽鸟知同乐，窥窗伴觅诗。

程虚谷(1906—1998)

安徽绩溪人。曾任绩溪县田粮处秘书，中学教师，芜湖诗词学会顾问。著有《扫存集》。

沁园春·观镜湖菊展

抖绿翻红，斗艳争芳，十万秋英。看杨妃浅醉，丰姿媚绝；二乔联袂，顾盼娇生。大地金流，满天星灿，花气氤氲十里馨。[1]晴岚上，正嫦娥下视，眉月初升。　东篱夙擅声名，算陶令栽培有至情。更杜郎垂爱，插头欲满[2]；戴翁夸誉，至死堪矜[3]。久昵吟坛，还思众赏，一夕乔迁镜水滨。君应见，这看花车马，湖岸纷纷。

【注】

①醉杨妃、二乔、满天星，皆菊花佳种别名。

②杜牧诗：“尘世难逢开口笑，菊花须插满头归。”

③戴复古诗：“菊花到死犹堪惜，秋叶虽红不耐观。”

满江红·读《马寅初传》

“马首是瞻”，表群众，心仪夫子。思往昔，金瓯残缺，民生凋敝。敢怒敢言抨暴政，不淫不屈持真理，视招来百折与千磨，等闲耳！　　拯民族，研经济；随中共，襄大计。迨新邦肇造，尤勤献替。忧国提《新人口论》，育才辈出英贤士。看“寅初亭”畔四时花，香无比！

蝶恋花·忆别

长忆钱塘江畔路。一曲骊歌，泪洒临歧雨。江上征帆飞不去，水声替了叮咛语。　　一别卅年情愈苦。笺尽相思，鸿雁难将去，犹梦当年欢笑处，楼空柳暗鸦啼暮。

汪文轩(1907—1991)

安徽芜湖县人。芜湖县两江诗社会员。

吊李白坟

李白坟前一径深，青山凭吊此登临。
空余侠骨沉江水，漫有丹心怀帝阍。
世路崎岖难蜀道，英雄蹭蹬老泉林。
千秋绝唱谁能继，各领风骚代有人。

张恺帆(1908—1991)

安徽无为人。1926年投身革命，曾参与组织无为县的六洲暴动，后因叛徒告密被捕，被囚禁达四年之久，坚贞不屈，赋诗明志。新中国成立后历任中共安徽省委书记处书记、副省长、省委书记、省纪委第二书记、省政协主席，中华诗词学会副会长、安徽省诗词学会名誉会长。著有《张恺帆诗选》《张恺帆书法作品集》。

龙华悼念死难烈士①

龙华千古仰高风，壮士身亡志未穷②。
墙外桃花墙里血，一般鲜艳一般红。

【注】

①这首诗原是用铅笔写在龙华监狱的墙上，因为我睡的是双层床上铺，写得比较高，难以被人发现。新中国成立后，我军在清理敌人监狱时，发现了这首诗，误认为是烈士遗作。萧三同志在他主编的《革命烈士诗钞》中收集了这首诗，署为“佚名”。后来，萧三同志发现是我写的，特来信向我说明并致歉。我在复信中说：“我是幸存者，能获烈士称号，当不胜荣幸，何歉之有！”

②凶残的敌人经常在夜里秘密枪杀革命者和进步人士。烈士柔石、殷夫、胡也频等左联作家以及进步学生，就是在深夜被集体枪杀于龙华的。这首诗就是我为纪念柔石、殷夫、胡也频等烈士而作的，时间约在1933年底或1934年初。

病中逢春节

一病缠绵一岁更①，家书欲寄笔难擎。
遥知父母新年里，老泪纵横对酒樽。

【注】

①在苏州监狱得了伤寒病，由于狱中条件极其恶劣，得不到治

疗，足足拖了一年之久，始稍见好转。听墙外传来爆竹声，想起新年快到了，心中思念父母。

被诬陷狱中随感

神差鬼使到无城，为报真情获罪人。
五十一天伤乱箭，万千张口说曾参[①]。
无心偏惹“三还”恨[②]，有口难吹“七字”尘[③]。
北望都门泥首拜，不难化骨见忠贞。

【注】

①“曾参”是孔夫子的学生，七十二贤人之一。有人诬告他杀了人，遭到众人指责，事实真相后来终于得到了澄清。

②“三还”：指吃饭还原，房屋还原，自留地还原。

③我将在无为、巢县所了解的情况，如实向省委做了汇报，却反遭诬陷为“反党反社会主义”，被错误批判斗争五十一天。“七字”，指“反党反社会主义”七个字。

述　怀

不看风向竟扬帆，秉性如斯改亦难。
多少亲朋因我累[①]，伤心不复见南园[②]。

【注】

①1959年，我二弟昌选和堂兄祝三、堂弟昌树等人，均受我冤案的株连，被迫害致死。还有更多的亲朋故友和数以万计的同志，因我而受到错误批判和处理。

②王试之同志是民主人士，抗日时期曾任皖江参议会的参议员，后来随大军北撤。新中国成立后，曾担任安徽省文史馆馆员和无为县图书馆馆长。1959年受我冤案株连，被迫害致死。“南园”，即王试之同志在无为的故居，现为绣溪公园。

下放劳动途中①

三十一年还旧我，一肩行李出庐阳。
凫长鹤短谁争得②，自有春秋玉尺量。

【注】

①1959年，我被错误开除党籍，扫地出门，忆及1928年加入中国共产党以来，三十一年经历，感慨系之。

②是非功过自有评价。谚云：“凫胫虽短，续之则长；鹤胫虽长，断之则短。”

濮思棠(1908—2003)

女，字佩霞，江苏溧水人。工诗词。

闺阁诗钞（选一）

赠枚弟

叠翠重岚古洞幽，桂林景物望中收。
登临不拟留鸿印，莫让青山笑白头。

偶　成

灯影书声小阁温，蜀江旧梦去无痕。
娇儿已是分巢燕，又向窗前课两孙。

张涤华(1909—1992)

安徽凤台人。安徽师范大学中文系教授，曾任中文系主任、语言研究所所长，芜湖诗词学会名誉会长。著有《毛主席诗词小笺》《类书流别》《古代诗文总集选介》等，编有《汉语大词典》（副主编)、《全唐诗大辞典》(主编)。

惊闻刘弘度师（永济）谢世泫然有作①

通才鸿笔两兼之，教泽清言俱可思。
霁月照人犹入梦，春风坐我竟无时。
卅年珍秘馀空椟，几岁甄陶[1]感导师②。
今日侯芭[2]头亦白，江皋吟望只深悲。

【注】

①予卒业上庠时，君集句书联以赠，后又为予书近作《咏草》词，并为拙作《类书流别》作序。诸件藏之三十年，“文革”期间悉散失，思之凄然。

②予学倚声及作毕业论文，皆就君请益，启迪良多。

宋大鹤先生以悼井翁诗见寄次韵奉和①

扶病犹曾过炼村②，那知转眼赋招魂。
石填碧海身难赎，月堕沧洲梦未温。
旧雨情深悲挂剑，遗文价重怆悬门。
山阳无此凄凉曲，满纸斑斑是泪痕。

【注】

①井翁：淮阴张煦侯先生晚年别署。先生才高学博，“文革”中以冤案含愤殁。

②炼村：予旧居名。

晋谒宋庆龄故居

赫赫功名四海尊，芳徽未远故居存。
画堂清室遗容在，犹想当年笑语温。

---

[1] 甄陶：原意为烧制瓦器，引申为化育、培养造就。

[2] 侯芭：西汉文学家扬雄的弟子。

冬日游香山公园

缆车来往翠微间，霜后园林分外妍。
我趁暄风丽日到，纵无红叶也欣然。

赠赵朴初先生

秀出文林笔一枝，多年海内诵君诗。
别来应是奚囊满，妙手新成绝妙辞。

陈华英(1910—2001)

浙江诸暨人。芜湖市百货公司退休干部。曾为中华诗词学会、安徽省诗词学会会员，诸暨诗社名誉社长，芜湖诗词学会常务理事。编纂《古今回文缀辑》。

滴翠轩偶成

湖上烟岚雨后时，半帘花影一楼诗。
白云回望窗前合，似笑山翁得句迟?

八秩抒怀

湖海飘萍岁月迁，年逢八秩齿犹全。
韶龄忧世情偏激，晚景逢辰志益坚。
细草当风舒韧劲，丛篁经雨发新妍。
老来喜遂升平愿，纵目长江水拍天。

丁　之(1911—1993)

四川江津人。曾任中共芜湖市委统战部副部长、芜湖市政协副主席。芜湖诗词学会首届副会长，《滴翠诗丛》首任主编。

谢周暮樵赠海棠茉莉

智翁素有怜幽意，故遣双芳慰我思。
顿见园中萦瑞霭，争看盆内展琼姿。
朱华雨后呈欢靥，翠叶风前竞舞肢。
莫道老来无所事，营营犹欲护新枝。

春日病中偶成

老树凌霜枝未陨，桑榆犹自沐余晖。
江郎搁笔知才尽，杨叟推车志尚巍[①]。
沥胆呕心何足惜，鞠躬尽瘁以消裨。
满园喜见新花放，端赖春风着意吹。

【注】

①农民劳模杨育才曾云：“小车不倒只管推。”

纪念孙中山诞辰一百二十四周年

帝制推翻七九秋，内忧外患几曾休。
红旗高矗开新宇，多难兴邦壮志酬。

咏琅琊山[①]

名山何事受人尊？草莽余生赖以存。
元帝自应长悔恨，琅琊林石胜桃源。

【注】

①东晋时元帝为琅琊王，尝避居此山，故名。

朱则民(1911—2011)

湖北黄陂人。曾任国家农委委员、中国农科院副院长、第七届全国政协委员等职。著有《杂咏选集》《思维的痕迹》。

避暑山庄

田野熏蒸殿阁凉，离宫无暑本寻常。
山庄内外民和帝，苦乐悬殊隔一墙。

张仲明(1911—1997)

安徽太和人。民革芜湖市委离休干部。曾任芜湖诗词学会顾问。

辛亥革命七十周年有怀中山先生

和平奋斗语弥留，遗戒殷殷寓隐忧。
无奈东风吹马耳，更堪屠狗挂羊头。
九天日月开新局，四化宏图起壮猷。
我向陵前重酹酒，先生宿愿已初酬。

赤壁泛舟图二首

一

英雄割据久成空，赤壁山前落照红。
千古风流淘不尽，铜琶犹唱大江东。

二

一词两赋壮千秋，馀子纷纷总下游。
流水行云无界限，何妨赤壁在黄州。

陆子权(1911—2004)

江苏新沂人。安徽师范大学中文系副教授，曾任芜湖诗词学会顾问。编纂《诗词格律十讲》。

黄鹤楼放歌（并序）

新旧黄鹤楼，我均未一履其地，然神游梦想者有年。老友书公归自武汉，为道黄鹤新楼之胜概及其观感，并绘示详图、口讲指画，巨细靡遗。爰效范希文据《洞庭晚秋图》作《岳阳楼记》故事，戏为《黄鹤楼放歌》一章。

人世几沧桑，鹤去楼仍在。踵事以增华，旧貌翻新态。明瓦灼白日，栋宇敷藻绘。高矗远市声，松风来清籁。盱衡楚天低，俯挹江汉汇。形胜擅天然，三镇环襟带。崇楼与高囱，迤逦云山外。长桥绾八水，一水连九派。登楼感今昔，遐思萦五内。时易境因迁，趣亦异前辈。崔颢日暮起乡愁，烟波江上曾兴喟。我则天涯到处可为家，民胞物与充此爱；青莲有景道不得，谦抑佳话传千载。我则不揣下里与巴人，凭栏击节多慷慨。寄语费文伟：胡不学化鹤归来丁令威，重游旧地骋一快？旧时城郭已全非，今日人民作主宰。胡不学山中观棋烂柯人，刮目重看新世界？科技穷究天人际，微观宏观得真解。吁嗟呼！前贤后哲俱往矣；喜看今朝，联翩人物纷文彩。江流淘不尽风流，山川灵秀代复代。

施孟胥(1911—2005)

安徽枞阳人。安徽师范大学物理系副教授。曾任芜湖诗词学会顾问。

村居即兴

屹屹鳌山西北峙，村庄三五树欹斜。
畦畦田水禾初秀，处处溪头菜已花。
丽日连峦腾野马，晴堤带柳走长蛇。
故园满目春光里，竟日留连意兴赊。

潘锡龙(1911—?)

原籍安徽泾县，世居当涂。曾任美国华盛顿大学化学顾问，从事癌肿研究工作。

忆江南·怀乡

江波碧，帆影逐风摇。六月采菱还荡桨，重阳赏菊更持螯。乡思最难抛。

相思引·偶寄

小院春花取次开。晓风吹絮染亭台。草青蜂瘦，楼静梦难猜。　　何事敲栏歌楚曲？日长思远意难排。无情狂蝶，哪识旅人哀。

长相思·秋夜思怀

爱吾生，恨吾生。飘泊江湖有似萍，徒争半世名。　　恋秋声，怕秋声。意老情长不忍听，空怀对月明。

清平乐·春逝

残红未扫，春去无人晓。睡起春寒疑岁早，谁料韶光已老！　　东风未醉先狂，梨花雪落前窗。问取梁间燕子，明年筑室何方？

俞步骐(1912—1998)

福建福清人。广西大学肄业。民国时期任繁昌县县长、泾县县长，有善政。1949年4月率部起义。新中国成立后曾任芜湖市工商联干部，芜湖诗词学会常务理事兼《滴翠诗丛》编委。

《杨度外传》读后

杨度才华横溢，颇具傲气。以书生擢为清廷四品京堂，力主君主立宪，拥袁世凯称帝。是“筹安会六君子”之首的“帝制余孽”。最终竟变成共产党人。死后，周总理亲自到墓前手植柏树。总理去世前还郑重嘱咐肯定他的政治身份并表彰其功。这一令人困惑不解的问题，田遨的《杨度外传》做了有据有理的回答。

京堂四品一儒生，君宪先驱化赤身。
天马纵横初失路，舟师指点卒知津。
帝袁罪孽生前恨，报国功勋死后旌。
书剑风尘埋傲骨，墓台松柏向阳青。

退休偶书

新陈代谢循天运，江涌前涛后浪兴。
倦鸟投林归暮色，衰翁避路出菁英。
龙钟尸位形何苦，鸠杖优游体自轻。
志士胸襟存社稷，庙堂湖海一忧心。

咏史·项羽

恃力师心一独夫，凶残暴虐汉刘输。
咸阳燎炬百天火，安县坑屠廿万俘。

太史推崇皇帝业，腐儒叹惜霸王图。
但夸功伐不量德，长使枭酋逃笔诛。

酬谢君鸿轩

余昔主政繁阳，与鸿轩兄同寓马家大楼，交谊至笃。近谢老偕夫人自台还乡，阔别四十余年，白首重逢，恍如隔世，曷胜惊喜？而乍聚乍离，则不能无感！

繁阳共系华年梦，卅载重逢喜复惊。
聚散匆匆宁久客，白头黄叶故人心。

丘良任(1912—2000)

安徽全椒人。曾任湖南水利电力师范学院、安徽淮北煤炭师范学院副教授。著有《竹枝纪事诗》等。

读《郁达夫诗词集》有感而作三首

一

炎荒万里战尘昏，许国肝肠气欲吞。
已是金瓯全盛日，如何犹有未招魂？

二

无端衅起自东夷，积弱中华辱丧师。
地下有灵应一笑，二重桥上看降旗①。

三

风流儒雅亦吾师，落拓平生酒一卮。
话到故家犹有泪，可堪寒夜忆亲时②。

【注】

①集中有句云："谁继南塘征战迹，二重桥上看降旗。"南塘为

明季抗倭名将戚继光号，二重桥为日本东京皇宫御河桥。

②1987年春，余执教长沙，先生长女黎民出席湖南省政协会议，承枉顾，语及先生生平及遇害经过，感慨嘘唏，黯然久之。

春日杂感

乾坤兵气压江湄，万里饥寒入蜀迟。
梦里时惊慈母泪，愁边常惹故园思。
忍将生死充诗料，莫把兴亡作话资。
十载蹉跎心已苦，千条垂柳又成丝。

邹汝干(1913—2007)

安徽无为人。曾任无为第一中学教师，无为芝山诗社《友声吟集》编委。芜湖诗词学会会员。著有《北窗吟稿》。

春日即景

鸟唱枝头蛙闹池，菜黄麦绿柳垂丝。
谁描一幅三春景？细雨和风是画师。

咏　牛

耕云犁雨度晨昏，赢得君家谷满囤。
底事辛勤嫌不足，常教背上有鞭痕。

闲居抒怀

遁迹蜗庐亦自怡，清和喜遇老来时。
平生最好无如酒，每事常输不独棋。
难与鲲鹏争上下，羞同燕雀逐高低。
凭君莫问臧耶否，笑笑先生世所宜。

咏风筝

骨瘦如柴一纸鸢，彩衣着体亦鲜妍。
只因借取春风力，得势轻狂欲上天。

回乡见荒园月季花开

一自杖藜别故乡，任他半亩小园荒。
园中月季似怀旧，犹自开花向夕阳。

龚佛龙(1913—2002)

上海市人。曾任芜湖市面粉厂工程师，芜湖诗词学会第一届顾问。曾领导筹建芜湖市佛教居士林并任林长。

东岩晏坐

佛国重游秋气清，平明直入翠荫深。
东岩晏坐如禅定，不觉松涛卷暮云。

游安庆迎江寺

古寺迎江峙，浮屠矗碧空。山遥青送黛，江近绿如虹。
鸟语梵音寂，花飞野径红。闲游不知倦，斜日落疏钟。

程介一(1914—1993)

原名懋增，江西新建人。1937年加入中国共产党，为北平辅仁大学地下党组织第二任支部书记。1950年参加抗美援朝，任某部炮团政委、师政治部主任。1954年从部队转业后任安徽省机械工业厅厅长，中共芜湖市委副书记，芜湖市五届政协主席。

偶成二首

一

壮志似酬亦未酬，如涛岁月逐江流。
悠悠忽忽耄年至，独坐窗前望斗牛。

二

小阳天气楚江空，桐叶萧萧坠晚风。
落尽枯黄君莫惜，来年新绿更葱茏。

王石岑(1914—1996)

安徽合肥人。著名国画家。曾任安徽师范大学教授，中国美术家协会会员，安徽省书画院副院长。他继承和发扬了新安画派的优秀传统，其多幅画作被中国美术馆收藏。1959 年完成巨幅国画《迎客松》，以其为样本制作的铁画《迎客松》至今陈列于人民大会堂。芜湖诗词学会会员，著有《点帆楼诗词稿》。

题画黄山莲花峰

结侣寻幽境，峰回日影斜。白云生足底，步步踏莲花。

为友人画小孤山

记昔楼船暮入吴，长空阵雁隐秋芦。
大江东去涛声急，一柱中流是小姑。

题画巫峡

绝壁深镌六字文，临江终古照斜曛。
清词十二今何在，谁唱巫山一段云。

点绛唇·春晚漫步镜湖，归后画樱桃题此

暮雨初收，镜湖环翠徐行过。摇波灯影，淡霭烟横锁。　绿满江南，又见柳花堕。小亭坐，飞花几朵，买得樱桃可。

卢先进(1915—1997)

安徽无为人。曾在芜湖市教委工作，芜湖诗词学会会员。

春　郊

春雨乍晴水满陂，耘田植树两相宜。
时禽也解农家事，“割麦插禾”不住啼。

咏　梅

昨夜朔风催，今朝春讯来。不辞枝干老，含笑雪中开。

张修钺(1915—2004)

安徽芜湖人。安徽太白楼诗词学会、芜湖诗词学会会员。著有诗集《燕游杂咏》。

感　怀

才越古稀喜早聋，是非褒贬耳边风。
河山自有擎天柱，雨散云消夕照红。

怀张孝祥

于湖遗韵话陶塘，掷砚禁蛙事渺茫。

一代词宗谁后继，新声犹自唱中江。

咏李花

桃花讥笑李花愁，正值青春已白头。
知否诗人偏爱素，不施脂粉更风流。

张溶川(1915—2006)

名其赣，安徽定远人。退休教师。著有《溶川诗选》《溶川诗续集》等。

谷　雨

谷雨丛林绿四围，桃花零落牡丹肥。
卑枝争日多旁出，小蝶迎风却退飞。
林密不妨新鸟路，春寒先入老人衣。
漆园能识虫鱼乐，久矣胸中了是非。

漫　兴

青虫乱吐丝，白牯下污池。病树花开少，炎天日落迟。
夜凉才有笛，春去久无诗。厌听群蛙叫，纷纷各为私。

许思敬(1915—2002)

安徽桐城人。退休前曾任芜湖市环城西路小学教师、下二街小学校长。

陶塘夜游

倒影自参差，霓明水亦绯。步摇情激荡，棹发兴淋漓。

石凳无声卧，柔条着意垂。将离风乍起，波涌一湖诗。

程齐云(1915—2005)

安徽繁昌人。繁昌县新港镇退休教师。芜湖市诗词学会会员。

咏塑料花

案头雅玩亦怡神，叶绿花红假乱真。
不怕风姨和雨伯，四时都是艳阳春。

完慕韩(1916—1999)

安徽肥东人。曾任无为中学教导主任，无为芝山诗社《友声吟集》编委，无为县楹联学会秘书长。

咏巢湖银屏山白牡丹

玉貌琼姿绿锦裳，云崖高蹈守孤芳。
名姝耻借铅华色，素质难为浓艳妆。
不屑邀荣居御苑，自甘抱璞入山乡。
独钟天地英灵气，乐为农家卜歉穰。

临江仙·秋夜思

饱受风霜桐半死，断鸿声咽残阳。伊人何在夜茫茫。凭窗凝伫久，凉月照空房。　　欹枕音容来入梦，家常旧日衣妆。带愁含怨诉衷肠。醒来原是幻，何处话凄凉？

邢济民(1916—)

安徽无为人。现已百岁，在福建省军区干休所休养。芜湖诗词学会会员。

山村秋色

秋梧飘一叶，山色入黄昏。田家忙刈割，荷实笑归村。

题端木礼海先生《老梅图》

千里罗浮月，来窥岭上香。群芳都寂寞，谁可耐冰霜？

孙存楷(1916—2011)

安徽无为人。曾任中国人民银行无为县支行副行长。芜湖诗词学会会员。

江南好·忆西湖二首

一

西湖美，美在四时宜。秋水平湖潭映月，春风梳柳白沙堤，景色倍旖旎。

二

西湖美，南北两高峰。四海云腾奔眼底，一江涛卷震长空，浩气贯苍穹。

张先述(1916—?)

安徽桐城人。芜湖市第二中学退休教师。安徽省诗词学会、安庆诗词学会、桐城诗词学会、芜湖诗词学会会员。

长相思·思在台胞妹

朝难逢，暮难逢。远隔云山千万重，相逢在梦中。　兄龙钟，妹龙钟。朝朝暮暮盼飞鸿，何时得再逢？

王焕生(1917—?)

安徽无为人。西南联大毕业，芜湖市第十中学退休教师。芜湖诗词学会会员。

登虎丘

虎丘高处上危楼，无限春光满眼收。
浩莽平畴盈海甸，妖娆梅柳遍苏州。
林间无复西施屧，湖上应回范蠡舟。
泉石山花迎客笑，红旗歌舞正风流。

张　鹤(1917—2005)

字白翎，又字柏龄，安徽枞阳人。曾旅居台湾，后居安庆。著名诗人。退休后任中华诗词研究所研究员、枞阳诗词学会顾问。著有《白翎诗草》《一唱百和集》《江南吟》《剑影心声》等。

丙子仲秋八十抒怀

从军从政志弥坚，老鹤孤飞却快然。
天许诗人堪寄傲，佛容弟子合参禅。
客中弱妹伤先去，城里新家怅独还。
所幸儿孙两无恙，喜教人月庆双圆。

俞宏淑(1917—2000)

安徽芜湖人。芜湖市灯芯绒厂退休干部。芜湖诗词学会会员。

青山避暑杂吟二首

一

深山古刹少人家，几领袈裟映日斜。
夜静风轻眠未得，月移花影上窗纱。

二

四面云山崖下林，谢公祠外绿成荫。
闲来趺坐青松下，半学参禅半短吟。

洪庆如(1917—1997)

安徽芜湖人。湖南大学毕业，芜湖市第十一中学退休教师。芜湖诗词学会会员。

咏绵阳诸葛祠二首

一

缘何阿斗厌先生，未必谗言蔽圣听。
路奠一杯君且醉，招魂莫向锦官城。

二

定军山下瘗忠骸，卅载元元愤且哀。
才筑墓前方丈地，祠前已见魏兵来。

廖多声(1917—2004)

安徽寿县人。曾任民革芜湖市委常委兼组织处长，芜湖诗词学会理事。

抒 感

水碧山青处处新，白头何幸遇良辰。
鸡声报晓心潮涌，誓效春蚕献此身。

丙寅乡居纳凉寄友

雨消残暑际，人纳晚凉时。鹊绕篱前树，蛙喧村外池。
藕塘风细细，柳岸月迟迟。此地田园乐，故人知不知？

濮之琦(1917—1995)

号素园，安徽芜湖人。曾任安徽师范大学中文系副教授，芜湖诗词学会会员。著有《素园吟稿》等。

镜 湖

垂阴绕岸柳和榆，湖上春来风自徐。
诗动江城将帅席，园留水月状元居。
风流人数张安国[1]，狂妄世传楚接舆[2]。
放眼湖山时正好，凭栏我且乐游鱼。

[1] 张安国：南宋爱国词人张孝祥，字安国。

[2] 楚接舆：春秋时楚国人陆通，字接舆，以躬耕为食，因放荡不羁被称为“楚狂人”。楚王派人持重金请他出仕，他笑而不应。他的妻子说：“义士非礼不动，不为贫而易操。”于是夫妇二人带上家当，改名换姓隐居他乡。

栖霞山寻李香君坟

青衫红袖那堪提，流水孤坟我默祈。
但觉青山增妩媚，可堪枫叶正离披。
佳人有怨能超俗，公子多情是自欺。
扇面桃花人面血，倩谁委婉作传奇。

赵贤瑞(1917—2011)

安徽芜湖人。曾任民革芜湖市主任委员、市政协副主席、芜湖诗词学会顾问。

菊花命名为芜湖市花

秋老江南霜满天，万花零落尔犹妍。
若非傲骨英姿爽，安得鳌头独占先。

参观外贸码头

朱家桥畔大江边，新建航台象万千。
极目海天空阔处，交流能驶五洋船。

瞻仰成都武侯祠①

丞相祠堂先主陵，情深鱼水仰英灵。
推诚信赖三分策，矢志精忠一片贞。
业贯萧曹青史在，勋凌管乐后人钦。
祁山未遂生前愿，万古长存身后名。

【注】

①成都武侯祠：前殿礼昭烈，后殿奉武侯，刘备墓亦在祠内。

谢鸿轩(1917—2012)

谱名佑海，字汇川，号鳌山。安徽繁昌人。抗战开始投笔从戎，黄埔军校第十六期毕业。1949年到台湾，历任台湾嘉义市女子中学校长，台湾师范大学、台北辅仁大学、淡江大学、中国文化大学等校教授。著名学者、楹联书画收藏家，曾先后向家乡繁昌县图书馆捐赠珍贵图书1 200多册。著有《骈文衡论》《中国历史歌》《鸿轩文存》《谢氏述德文编》《谢氏文献》等。

四君子回文诗

梅

芳萼拂风清弄影，细梢凝色冷含烟。
篁松友谊云天薄，堂照玉光春占先。

竹

风摇碎影凉生月，雨滴新梢翠笼烟。
丛竹爱贤高士隐，空凌劲节粉娟娟。

兰

柔芽紫气香盈室，瘦叶苍烟绿绕阶。
瓯酒满斟高座客，幽兰引叙畅情怀。

菊

霜枝满径三秋晚，露蕊疏篱一色金。
香冷醉人愁寂寂，黄花对酌又成吟。

周暮樵(1918—2008)

安徽枞阳人。曾任芜湖市副市长、市政协副主席，芜湖诗词学会首任会长。

走马观花（四首选二）

1986年9月，率芜湖市文明建设检查团赴四县一山视察，耳目一新，诗以纪之。

过湾沚

两江流水碧潺潺，夹岸人家尽笑颜。
湾里黄沙湾上稻，黄金铺遍好河山。

【注】

青弋江、水阳江汇流于湾沚。采沙为芜湖县农民主要副业之一。

九华阻雨

天台高处最清凉，冷雨消残半热肠。
我本人间凡俗骨，羸躯哪可住仙乡。

【注】

九华山遇雨，患感冒数日。

谒鲁生墓

抗日期间，鲁生任桐庐县委书记，1941年1月27日，在日寇扫荡中壮烈牺牲，葬于枞阳县水圩花园村。

为吊忠魂百里来，春花万树墓前开。
山环水绕怀人杰，日暖风轻惜栋材。
已扫虾夷安宇内，应将事业慰泉台。
英雄仪范垂千古，天地长存堕泪碑。

鸦片战争一百五十周年怀林则徐

虎门一举毁鸦片，御侮图强百五年。
腐败清廷多误国，猖狂外寇弄强权。
茫茫戈壁埋遗恨，朗朗神州换旧天。

耿耿丹心昭日月，流芳青史抗英篇。

重游浮山

1948年秋，余任桐庐县长，翌年大军渡江，奉调至枞阳县支前，忽忽四十余年。旧地重游，不无感慨。

阔别枞川四十年，回乡景况喜空前。
九州奋举长征步，四野欢腾赤县天。
城郭万家烟树里，楼台一片锦江边。
峥嵘岁月重回首，犹记农奴先着鞭。

房章汉(1918—2001)

安徽枞阳人。芜湖市税务局退休干部。中华诗词学会、安徽省诗词学会、芜湖诗词学会会员。著有《松竹斋诗存》。

七十初度感怀

七旬初度小阳天，红叶如花分外妍。
人坐春风忘却老，雨施万物润无边。
兴来绿蚁浮三盏，醉后黄庭草几笺。
为爱夕阳无限好，清波江上且流连。

汀棠野饮观菊

赏菊汀棠三四友，玩鞭亭上笑王敦。
黄花似解杯中趣，捧出含黄伯①一樽。

【注】

①含黄伯：蟹之别称。

相见欢

癸亥中秋后三日，再游西湖，旋赴海宁观潮，经苏州归。

西湖桂月浮舟，好清秋。今日又来花港，隔年游。　潮观罢，情未尽，客难留。还是去年归路，过苏州。

陈嘉穗(1918—2010)

号墨愚，笔名绿野，安徽繁昌人。抗战时期曾任国民革命军某部连长。繁昌县轴承厂干部退休。中华诗词学会、芜湖诗词学会会员。

重　逢

暌违半世纪，相见白头翁。往事犹如昨，深交久愈浓。
峨溪芳草绿，春谷夕阳红。共话南窗下，沧桑一笑中。

临江仙·怀旧寻踪

忆昔镜湖船上饮，欢声笑语情浓。清风飘荡月明中，桨摇波影动，疑在水晶宫。　回首不堪思往事，重来旧地寻踪。湖光山色换新容，浮生原一梦，聚散总匆匆。

陈布新(1919—1998)

安徽枞阳人。芜湖航运管理局退休干部。芜湖诗词学会会员。

还　乡

客窗凉月思乡切，白荡湖山入梦频。
四十年来偿宿愿，一帆顺水载归人。

旅台友人来信感赋

宣城折柳唱骊歌，弹指春秋四十过。
忽接鱼书疑梦寐，共怜双鬓已婆娑。
欣闻海峡风涛静，更喜中原气象和。
拭目金瓯归一统，相逢赭麓共吟哦。

黄同书(1919—1989)

安徽肥东人。芜湖市第十二中学退休教师。曾任芜湖诗词学会理事兼《滴翠诗丛》编委。

出席芜湖诗词学会筹委会口占二首

一

春风和煦草离离，喜看繁花缀满枝。
仰赖东君频着力，江山处处唤裁诗。

二

荷锄荒苑莳兰畦，行看群芳入眼迷。
喜得春温时雨足，与君勤作护花泥。

陈葆经(1919—2004)

安徽全椒人。曾任安徽省文史馆馆员、全椒县政协文史委顾问，中华诗词学会会员，安徽省诗词学会理事，安徽太白楼诗词学会副会长。著有《三余轩诗词选》《三余轩吟稿丛集》等。

金缕曲·乾陵无字碑

此石原无字，历年年，风侵雨袭，了无差异。漫道当时难着笔，留与谁人从事。出奇想，居然如此。纵有几多心曲隐，是梦丝，自应寻端理。同墓宅，合碑比。　临朝训政常情耳。便何须，开国启绪，断残唐纪。毕竟黄袍身未暖，冯妇重归于李。又位列、中宗先妣。穴共夫皇非女帝，妄文铭、岂服三冤鬼：一公主，双太子。

栖霞山桃花扇亭

是谁施媚媚香楼，国步私怀两股愁。
扇上桃花花上泪，美人名士一亭收。

陈琏三十年祭

重过王山集，怆然不胜情。行程真百折，遭际慨三生。
浩劫无前古，名言有震声。高寒拼一纵，迸发不平鸣。

宋亦英(1919—2005)

女，原名宋惠英，笔名宋梅、宋蕴。安徽歙县人。1936年毕业于国立北平艺术专科学校西画系。曾任安徽省群众艺术馆副馆长，安徽省诗词学会副会长。著有《宋亦英诗词选》《春草堂吟稿》等。

浣溪沙·杂感

自笑书生议论空，钱权于我马牛风。漫忧人海混鱼龙。　敢以微言针盛世，唯期天听耳常聪。何妨说我“老冬烘”。

汪稚青(1919—2005)

号晚霞老人，安徽黟县人。民国诗人汪石青长子。退休前任芜湖邮电学校教师。曾任《滴翠诗丛》编委，著有诗词集《晚霞韵语》。

隐园书感

早从燕语契心知，一点灵犀三载迟。
小组论文同赏析，长江判袂酷相思。
散班缓步肩常并，观剧伤情泪共垂。
吹绉春池干底事？书痴一例是情痴。

我　思

我思在何处？思在月之夕。清辉坠裳衣，幽室生虚白。
携手萼绿华，翩翩步绮陌。脉脉无一言，惺惺各相惜。
何以喻两情，团圞指皓魄。皓魄有缺时，此情矢金石。
红尘任沧桑，素心盟松柏。赤城起绛霞，焚琴惊暴客。
离魂销黯然，悠悠生死隔。揽月动沉哀，回眸伤影只。

临江仙·陶塘晚步二阕

其　一

赢得浮生闲一刻，长堤缓缓行行。绿杨深处是书城。斜晖争电炬，霞彩映新晴。　百亩方塘清似镜，月明风静舟横。双鬟凭桨诉衷情。高枝嗔蝉唱："知了"一声声。

其　二

霞绮未收新月上，远山塔影低迷。流萤点点闪珠玑。

翩翩蝴蝶舞，款款蜻蜓飞。　　玉树临风惊倩影，清波恍遇宓妃。冰纨雪履五铢衣。喁喁携手语，缓缓并肩归。

旅　感

涯角栖栖路几千，为人为己两茫然。
陌头杨柳惊思妇，镜里头颅负少年。
国士无双羞哙伍[1]，江河万古愧卢前[2]。
绮怀壮志都如梦，悔读渊明赋一篇。

万　年(1920—?)

湖南岳阳人。曾任芜湖市副市长，安徽省计量局局长，芜湖诗词学会名誉会长。中华诗词学会、安徽省诗词学会会员。

芜湖解放

雄师飞渡从天降，锣鼓声中城解放。
欢声笑语震长江，风卷红旗赭山上。

滴水洞

1966年夏，毛泽东曾避暑于此。

山环水绕疑无洞，柳暗花明别有津。
莫道桃源无觅处，此间藏得武陵春。

---

[1] 羞哙伍:《汉书·韩信传》载:韩信曾访问樊哙将军,哙执礼甚恭,而韩信内心却不屑与樊哙这样的武夫为伍。

[2] 愧卢前:“初唐四杰”中的杨炯,当时在诗坛位列于王勃之后,卢照邻、骆宾王之前。杨炯自谓:“愧在卢前,耻居王后。”

芦 花

湖畔青苇帐碧纱，一堤烟雨倚风斜。
寒汀雁落飘银絮，飞入渔村织席家。

郑家风(1920—2000)

安徽贵池人。铜陵县第一中学退休教师。铜陵诗词学会常务理事兼秘书长，著有《破吾庐诗草》。

清明感赋

岁岁清明节，年年客里过。红花凋异地，白首醒南柯。
亲友飘零尽，文章感慨多。逢人惟一笑，蚁命几蹉跎。

读《彭德怀自述》

公将碧血争天运，我为苍生惜霸才。
字字看来都是血，一编读罢有馀哀。

旅夜书感

书剑飘零四十年，可怜归梦付炊烟。
事难如意从头数，诗到无题信口编。
一度缠绵伤酒后，几番憔悴落花前。
半规冷月空庭照，无限乡思到枕边。

高尚斌(1920—2009)

安徽桐城人。桐城中学退休教师。芜湖诗词学会会员。

迎新岁

古稀何惜雪盈颠，消受春风又一年。
常保丹心依电子，惯耕铁砚胜桑田。
时清已见摧官倒，政美频闻倡吏廉。
未到百龄休驻足，识途老马不须鞭。

敬老节登投子山

无风不落帽，对景笑颜开。枫叶红如火，芦花白似槐。
清波盈水库，晴日满山隈。敬老添佳兴，归途唱几回。

王育林(1920—2011)

安徽贵池人。芜湖师范学校离休教师。芜湖诗词学会会员。

狮山情二首

1989年2月10日，芜湖市第十一中学五九届高中毕业同学，于王稼祥纪念馆举行校友联欢会。赋此抒怀。

一

一山花发树三千，叶叶枝枝我亦怜。
莫道书生无价值，文山正气古今传。

二

浴霞倦鸟晚归迟，夕照林间巢暖时。
四十年来山上月，伴人一步一相随。

金婚赠妻

白头梁孟话姻缘，休戚相依五十年。

衣履常新针线巧，盘飧有味菜根鲜。
含辛茹苦操家计，风范慈祥教子贤。
今日夕阳无限好，期颐与共乐尧天。

江城风物

一城山色抱湖光，十里莲塘百里香。
滟滟春江花月夜，荫荫夏木绿云裳。
金秋枫叶披红树，晴雪冬梅映画堂。
鸟乐园林鱼乐水，蓝图精绘铸辉煌。

徐步云(1920—2016)

笔名太湖沙鸥，江苏东台人。曾任小学校长、中学教师、江苏省教育厅干部、无锡教育学院总务处副处长。1982年于无锡教育学院（现江南大学）离休。中华诗词学会、安徽太白楼诗词学会会员，碧山诗社、芜湖诗词学会顾问。著有《太湖沙鸥诗词选》《吴嘉纪陋轩诗选》等。

赴日本途中

丹桂飘香秋未深，白头万里访知音。
此番破浪乘风去，只为交流不镀金。

摸鱼儿·八八痛悼亡妻（用稼轩韵）

溯平生，雪泥鸿迹，行将游倦归去。区区书印雕虫技，能筑债台无数。停不住，兴未减，元龙豪气桑榆路。为君寄语把坎坷蹉跎，全丢脑后，视若乱飞絮。　横生祸，约定佳期告误。添筹招引天妒。卿卿舍我黄泉赴，未了情缘何诉？芳魂舞，君不见，山盟海誓归尘土，肝肠最苦。无力可回天，悲丝万缕，堆向断肠处。

孙泽霖(1921—1988)

安徽桐城人。芜湖市新芜区医院离休干部。芜湖诗词学会会员。

乡　情

一别龙眠久未回，年年有约负东篱。
关河不阻南归雁，芦白枫丹动客思。

闲居遣兴

小炉汤药沸盈瓯，盛世无功雪满头。
步履艰难疏故友，雁书不到怅清秋。
一枰且共邻翁乐，长夜聊兴下里讴。
斗室犹堪容雅俗，依山傍水胜琼楼。

叶孟明(1921—1996)

安徽桐城人。安徽大学毕业，安徽师范大学教授。中华诗词学会、安徽省诗词学会会员。曾任芜湖诗词学会理事兼《滴翠诗丛》编委。

寄安大老友陈俊峰三首

一

鸡鸣风雨少年时，壮志凌云骏马驰。
重展画图应一笑，白头还见旧丰姿。

二

杏坛卌载听弦歌，为育英才乐趣多。
喜看江淮桃李盛，园丁心血几消磨。

三

相思无奈阻长江，惆怅何时共倚窗？
珍重岁寒松柏志，月明千里照双双。

镜湖菊展

冷露沾香雾，秋风拂绣裾。却离陶令宅，来伴镜湖居。
碧树金花映，芳塘玉步徐。相逢忘俗念，何必羡观鱼。

吊黄叶村先生

恶浪狂风逝已空，独存文采耀寰中。
彩毫千载留遗范，身世频年类转蓬。
劲节江南一枝竹，风流海外九天虹。
镜湖春色添新景，重向楼头忆此翁。

吴文选(1921—1999)

安徽枞阳人。江西彭泽县小学高级教师退休。

园丁心愿

耳顺之年仍着鞭，园丁队里伴青年。
华颠寥落心犹热，血肉消赊骨尚坚。
忘我一生劳不怨，诲人卌载苦犹甜。
何愁蜡烛残将灭，但惜繁花绽欲燃。

遣 悲

正许身闲游胜迹，孰教羽化返元真。
刚增薪水今停领，才到诗坛永废吟。
青冢空余遗我恨，斑衣都是哭君痕。
来生再续鸳鸯谱，重结人间夫妇盟。

祖保泉(1921—2013)

安徽巢县人。安徽师范大学中文系教授，曾任中文系主任、古籍研究所所长，芜湖诗词学会名誉会长。著有《丹枫词稿》《司空图诗文研究》《文心雕龙解说》等。

木兰花令·六十初度舟中作

江边照眼榴花发，船里老人吟不绝。风头哪怕顶三篙，浪里犹能存一叶。　　平生不学撑船诀，爱读诗骚师马列。一分为二看千端，且弄船头分浪楫。

念奴娇·赞迎客松

天都过后，看玉屏峰下，有松奇特。几世风霜兼雨雪，依旧凛然苍碧。却对来人，延伸巨臂，当路亲迎客。八方游者，几回惊看奇迹。　　奇在铁骨铮铮，杈丫画出，遒劲真风格。枝似虬龙将起舞，老干参天自直。叶茂根深，风摇不撼，根在摩天石。春山灿烂，更迎宾友如织。

木兰花令·随诸生登莲花峰

云梯直上天开阔，迎面莲花峰绰约。攀援顶上望云飞，琼海迢迢雾漠漠。　　我身何虑衣单薄，长啸凌云神自若。回音近处也呵呵，鼓掌身边多后学。

水调歌头

顷接霍松林先生《八十述怀》诗，读之感人至深。兹缀俚词一调，恭贺先生八十华诞。庚辰岁首。

天水龙山下，才士入长安。登坛讲论文艺，学子尽开颜。讲义纷传文苑，宏论播扬海宇，风度正翩翩。忽遇红羊劫，耕作在田园。　　穷则变，否交泰，庆回天。英才练达，恰似鲸游学海间。荏苒流光八秩，国运方逢盛景，椽笔著新篇。从教兴邦者，唯献寸心丹！

光鉴汉(1921—)

安徽桐城人。桐城百货公司退休干部。桐城诗词学会理事，芜湖诗词学会会员。

游西湖

豪情未减少年时，逸兴寻幽动远思。
西子湖中飞彩棹，东坡堤上舞仙姿。
开怀放饮金杯小，览景留真玉兔迟。
海鹤闲游情不尽，曲桥灵隐赋新诗。

秋　兴

策杖寻幽上翠微，白云生处景芳菲。
藤缠古木烟迷谷，溪绕新村竹掩扉。
红叶晨曦迎客至，黄花明月送人归。
遨游独得忘机地，水绕山环入画帏。

严绍陵(1922—2007)

安徽含山人。芜湖市康复路小学退休教师。芜湖诗词学会会员。

镜湖竹枝词

秧歌扭换迪斯科，昔日姑娘今太婆。
晓雾轻披人漫舞，湖花湖柳也婆娑。

登九华

遥望九华接紫穹，云梯百折路千重。
朝霞熠熠浮林海，暮霭沉沉听鼓钟。
柱杖犹能登石级，攀藤且喜到庵蓬。
天台顶上神仙境，一洗尘埃俗念空。

盆景

太湖石巧垒盆中，海上三山景色同。
若是轻阴飞细雨，云栖雾绕亦空蒙。

秦　纲(1922—1998)

安徽巢县人。曾任芜湖县文化局副局长，芜湖诗词学会理事。

春日随笔

梅映南窗翰墨香，柳丝摇曳日初长。
明朝又是清明节，双燕何时到草堂？

浣溪沙·暮春

梦里吟诗醒后思，推敲不觉透窗曦。鹦哥能语客来知。　两盏清茶香胜酒，一春花事啭黄鹂，轻狂柳絮乱沾衣。

史咏梅(1922—2005)

女，安徽枞阳人。曾任枞阳县政协委员，枞阳县诗词学会副会长。芜湖诗词学会会员。著有诗集《咏梅吟草》《咏梅吟草续集》。

中秋寄台湾亲人

有劳飞燕报平安，瑞霭神州十亿欢。
千里良宵千里梦，百年情海百年酸。
鹧鸪声里斜阳远，翡翠衾边只影寒。
叶落归根曾记否？愿君早日买舟还。

岁　暮

独上西楼眺远方，声声腊鼓唤东皇。
莺歌未上苏堤柳，燕舞难寻王谢堂。
松劲何愁烟露冷，梅香岂畏朔风狂。
欣无秦岭蓝关雪，岁暮清和话夕阳。

偶　感

掩卷凭栏万虑休，行云流水两悠悠。
绿杨潇洒容消夏，红杏风流未识秋。
无价青丝归白发，多情明月照高楼。
欲倾东海滔滔水，荡我心头一叶舟。

双眼重明

雾里看花数十年，难分浊水与清泉。
忽传北大[1]施新技，立谒华佗赐诊笺。
妙手揭开云雾障，昏眸重见舜尧天。
何愁老大无明目，一样晶莹一样圆。

【注】

①北大：指北京北大医院眼科中心。

杂感

无奈桑榆日影移，谁怜白发代青丝。
残躯无技专知苦，贵客临门只有诗。
几卷吟笺难换药，百家稿约怎疗饥。
俩孙正步云程路，又是新禾盼雨时。

欧阳昉均(1922—2011)

安徽望江人。曾任小学教师。芜湖诗词学会会员。

悼亡

几多往事记心田，欲诉难禁涕泪涟。
特定时期经坎坷，清寒家境耐熬煎。
栉风沐雨同舟渡，戴月披星共榻眠。
梦里相逢惊又别，哀思点点荐黄泉。

咏蝉

不爱繁华只爱阴，高枝深处发清音。
风餐露宿寻常事，唱出平生洁白心。

朱仲时(1922—2015)

安徽繁昌人。曾任中学高级教师。安徽太白楼诗词学会、芜湖诗词学会会员。

清平乐·水仙

亭亭玉立，剑叶深深碧。金盏银盘香气溢，淡雅一身谁匹？　素心奉献千家，案头架上俱佳。清水一杯足矣，天然朴实无华。

周祥希(1922—)

江苏睢宁人。1940年1月参加革命，抗日军政大学学员，曾任连指导员。转业后任区委书记、县重工业局局长、中学校长等职。1983年于安徽省芜湖市第十二中学离休。安徽太白楼诗词学会、芜湖诗词学会会员。

合肥至昆明飞机上作

初乘银燕觉心慌，经历新鲜久不忘。
云海浮沉九千米，身无双翅也翱翔。

游石鼓镇忆红军

雄关古镇美名扬，水急山高岁月长。
破敌红军留史迹，而今开发旅游忙。

侯克安(1922—2015)

安徽芜湖人。芜湖县诗书画学会会员，芜湖诗词学会会员。

暮年述怀

曾将肝胆献新天，八十虽过梦未圆。
手颤难忘临帖艺，眼花强在学诗篇。
年高哪得无病苦，岁老还期有后贤。
恩怨皆成东逝水，宽容始可慰心田。

刘 彪(1923—)

安徽桐城人。安徽大学毕业，芜湖市卫生局离休干部。中华诗词学会会员，安徽省诗词学会理事，桐城诗词学会名誉会长。曾任芜湖诗词学会副会长兼《滴翠诗丛》主编，现任名誉会长。著有诗词集《北峡诗词》等。

祝山行（并序）

大兄复华行医东至县祝山，三十余年未见。丁卯年七月，余归桐城，邀诚、安二弟共赴大兄之约，欣慰离怀。而临别依依，老泪纵横，实乃“相见时难别亦难”也。

兄弟如劳燕，分飞四十年。幺弟天津去，大兄客祝山。
我居鸠江侧，梓里有诚安。有约频年爽，相见何其难。
今践大兄约，联袂赴江南。放眼将行路，盈盈山水间。
晓发龙眠月，午涉大江潮。车行五百里，向晚祝山招。
暮岭云开合，清溪走曲蛟。下车入溪口，老桧揖相邀。
路转林深隘，行经叶树桥。缘溪三五里，隔水问归樵。

樵者当路立，直指南山隅：“松竹萦村郭，青峰左右舒；
小桥流水畔，倚石结精庐；门徽图太极，便是大夫居。”
葵花傍篱落，桑荫覆庭除。犬吠山谷应，鸡飞上碧梧。
主人闻客至，启户两惊呼。相对疑梦寐，执手信非虚。
兄嫂堂前立，儿孙列满庭。相见不相识，如今始认名。
张筵罗浆酒，鸡黍复山珍。举杯频话旧，悲喜泪难禁。
嫂年七十五，兄年八十三。步履皆轻健，耳聪目不眩。
行医六十载，方药济人艰。林泉足娱老，应诊仍无闲。
有闲即相伴，日夕常笑欢。卅年才一聚，五日共盘桓。
晨起辞兄嫂，开门别祝山。大兄扶杖起，携手出云关。
群峰罗岸立，溪流咽不欢。行行出溪口，临歧别更难。
“才慰平生愿，忽又送君还。尔我俱已老，此别岂一般。”
大兄言戚戚，我亦泪涟涟。执手去不忍，相约会来年。

步月桥

一桥弓架两湖间，玉魄遥看总半弦。
临水分明惊满月，浮沉各据五分圆。

谒岳飞墓

老柏森森拱岳坟，西湖俎豆永飘馨。
忠昭日月千秋颂，祸累河山半壁沦。
百代冤奇三字狱，十年国误一帮人。
心香难息风波恨，今古同悲有佞臣。

武则天无字碑

高碑没字岂无言，武后心思不可宣。
欲管是非于死后，何如功德立生前。
卑行有口行难掩，美政无碑政自传。

毁誉堪怜人自惹，至今颠倒说坤乾。

乡　情

余自渡江役，随军进驻芜湖已历六十七年，三倍于居乡岁月。然思乡之情，逾老逾切，实难忘也。

九十余年百事经，最难忘却是乡情。
四围山色连天碧，万顷禾涛绕郭青。
北峡炊烟回梦远，中江旅思逐云横。
此身合向于湖老，渚月松风入袖清。

何靖杰(1923—)

安徽枞阳人。高级会计师。芜湖诗词学会会员。

渡江指挥部

陈祠何幸筹帷幄，布阵枞川笑指麾。
羽檄纷飞宵夜急，军民共济胆肝披。
炮鸣四月斜阳落，舟驭三江浊浪夷。
号角喧天频报捷，雄师百万任驱驰。

胡仲英(1923—2006)

安徽芜湖人。芜湖第六中学退休教师。曾任芜湖诗词学会理事兼《滴翠诗丛》编委，芜湖晚晴诗社副主编。

春江夕钓

半篙春水涨清江，三月渔村打桨忙。

自笑老夫闲不得，一竿高举钓斜阳。

镜湖观游泳即兴

水如碧玉柳如烟，自主浮沉水上眠。
忽地波翻湖底日，飘然人舞镜中天。
风姿方忆潜踪后，花样又惊出浴前。
何事追鱼偏不舍，藕花深处可流连。

清平乐·春游

穿花拂雾，信步前村去。断续砧声堆浣素，敲碎一池绿玉。　　纵横阡陌交通，彩旗漫舞东风。不辨仙源何处，春来遍是桃红。

钗头凤·友人奉调边陲惜别

长亭柳，翠拂首，劝君更尽一杯酒。湖山恋，情无限。今朝一别，何时相见。念，念，念！　　菊花秀，凉初透，计程应到霜飞后。羌歌遍，楼兰艳。草原驰马，油田飞焰。羡，羡，羡！

徐大本(1923—2010)

安徽芜湖人。安徽大学毕业，芜湖县清水中学退休教师。曾任芜湖诗词学会常务理事。著有《渡叟诗词》。

小　园

小园堪慰老，无意苦寻春。拾级苔痕绿，掀帘柳色青。
风和心目畅，雨细物华新。日涉以成趣，浮名不绊身。

冬月金陵夜飞羊城

饮罢金陵入太空，繁星灯火我居中。
翱翔玉宇鹏程远，迢递关山鸟路通。
月白天高随上下，烟浮水阔任西东。
薰风夜送羊城暖，且着春衫过一冬。

围炉即事

围炉三老聚，不速客还临。容与歌新曲，悠然鼓素琴。
杯擎兰室暖，雪映画窗明。知己千盅少，如春醉意深。

感　事

一圩万顷尽良田，碎割零分为换钱。
都被楼台齐占去，却教何处种粮棉？

袁第锐（1923—2010）

四川永川（今属重庆市）人。曾任甘肃省文史馆馆员，甘肃省诗词学会会长，中华诗词学会副会长、顾问。著有《恬园诗词曲存稿》《诗词创作艺术丛谈》《恬园诗话》等。

辛巳迎春曲二首

一

温室于今效应偏，沧桑潜易识机先。
但排废气虚言治，惯恃强权诺又迁。
臭氧洞开光灼灼，积冰溶释雨涟涟。
女娲纵在难施技，炼石何人更补天。

二

世事如棋局局新，廿年踪迹未成陈。
消除左毒存忠恕，取法西贤利子民。
慷慨登坛三易主，艰难改革共回春。
若凭遗绩论功过，辛亥于今第一人。

江金惠(1923—)

安徽全椒人。安徽大学毕业，历任中学教师、校长，北京海淀职工大学校长。著有《玉民楼吟草》。

颍州道上

向晚寒鸦噪不休，白云流水两悠悠。
疏林古寺亭亭塔，驴背斜阳入颍州。

长空行二首

一

太空一望远无涯，剔透晶莹无点瑕。
俯视云团飘逸处，清池朵朵白莲花。

二

人生能得几回看，千仞高峰泥一丸。
几上香茶犹未冷，云中已度万重山。

鹧鸪天·登蓬莱阁

七月登州汉武台，乘风联袂上蓬莱。琼楼片刻神仙梦，忘却人间福与灾。　　惊巨浪，接天来，似看甲午战云开。倭奴自古贪婪甚，犹待南塘策马回。

朱　诚(1923—2010)

江苏阜宁人。曾任中共宿州地委副书记，宿州诗词楹联学会首任会长。著有诗词选集《夕照春风》。

诗园杂咏二首

一

沧桑正道贵和衷，花好难期百日红。
良药原来多苦口，新春未必尽东风。
当嗤笑面真犹假，应唱丹忱直且公。
同德何拘存小异，扬帆共济赴昌隆。

二

默默耕耘此寸心，神交四海结知音。
联珠合璧酬诗苑，祛病驱邪胜杏林。
广辑精编融热血，匡时正俗发高吟。
神思总系竿竿笔，但布清风不拜金。

王濯尘(1923—)

安徽芜湖人。曾任小学校长。芜湖诗词学会会员。

祝芜湖诗词学会成立周年

江篱汀芷蕴诗心，滴翠轩开起啸吟。
建设文明燕许笔[①]，神州喜听海潮音。

【注】

①燕许笔：燕，唐燕国公张说；许，唐许国公苏颋。均擅长文

词，并称“燕许”大手笔。

施　惠(1923—1995)

安徽枞阳人。曾任芜湖市总工会部长、市纪委副书记等职，芜湖诗词学会顾问。

游九华山

松迎竹引到僧家，山寺巍巍石径斜。
大壑蒸云翻絮浪，九华耸秀现莲花。
清溪泻玉寒侵骨，曲径通幽静不哗。
最爱东岩经宿雨，天台流瀑映朝霞。

包　清(1924—)

安徽庐江人。安徽大学法律系毕业，曾任皖南医学院党委宣传部副部长，副教授。敬亭山诗词学会、芜湖诗词学会会员。著有《吟泉诗草》。

游镜湖怀张孝祥

波光潋滟映新晴，淡淡遥山展翠屏。
杨柳荫堤撑画舫，栏杆曲径接岚亭。
田捐百亩莲池碧，史迹千秋简竹青。
堪喜岳飞冤案雪，六州歌罢暮云横。

西江月・重阳

毋说登高祛病，人生岁岁重阳。金风祝愿寿天长，三代同堂欢畅。　　生命由来时短，坚持锻炼康强。不烟不酒每餐香，种树栽花咏唱。

西江月·致残疾人

倒尽满腔咸水，扫清一片愁云。人间处处有真情，病树逢春滋润。　　看我身残心美，不嫌室陋家贫。艰难叠叠又纷纷，端赖坚强勤奋。

江兴元(1924—2015)

安徽桐城人。曾任桐城师范学校高级讲师，桐城诗词学会副会长兼《桐城诗词》主编，芜湖诗词学会顾问。著有《且闲斋诗文稿》。

春日城西即事

数株杨柳傍溪流，一树棠梨带雪幽。
小立看山兼听鸟，不知花落白人头。

种　竹

寓居谁作友？种竹以为邻。干直凌霄汉，心空绝俗尘。
闲吟情自适，不食肉何贫！明月窗前影，风来更有神。

黄河断流

哺育炎黄子与孙，子孙荣辱倍关情。
年来屡报河流断，更有何人论浊清？

秋　怀

百年驹过隙，雁唳又高秋。篱菊团金蕊，斜阳上小楼。
诗文成底事，兼济总难酬。白发催人老，年光不倒流。

谒张五鹏老先生①

盛世开文禁，儒林重拔茅。人间存硕果，榆里领风骚。
身厄乱离久，晚膺馆职高。元龙楼百尺，谠论气犹豪！

【注】

①先生时为安徽省文史馆馆员。

徐　味(1924—2012)

江苏沭阳人。历任《江淮日报》《安徽日报》记者、编辑、文艺副刊主编，安徽人民出版社文艺编辑室主任，中共安徽省委宣传部文艺处副处长，安徽省作家协会秘书长、安徽省民间文艺家协会主席，安徽省文联顾问、编审。著有诗集《云水轩吟稿》。

宾馆听泉

每看萧艾[1]乱纷纷，略敞情怀对酒樽。
一夜泉声流枕上，轻愁薄怨了无痕。

种　花

紧闭衡门对北风，不将荣辱置胸中。
年来愈觉冰霜厉，手自庭前种忍冬。

李　敏(1924—2015)

山东烟台人。曾任安徽师范大学语言所副所长。芜湖诗词学会会员。

---

[1] 萧艾：艾蒿，臭草。常用来比喻品质不好的人。《楚辞·离骚》："何昔日之芳草兮，今直为此萧艾也！"唐杜甫《种莴苣》诗云："中园陷萧艾，老圃永为耻。"

念奴娇·九华纪游

九峰天柱，试登临，一望江南风物。千嶂云中浮翠秀，山外溪流明澈。岩上苍松，涧边青竹，掩映梵宫阙。葱葱郁郁，画图难比奇崛。　闻道此地当年，拈香膜拜，吹唱清宵彻。佛法无边谈普度，谁解苍生饥渴！治国通途，济民纲略，今昔难同辙。不须惊异，弦歌应奏新阕。

朱贤礼(1924—2007)

安徽舒城人。安徽学院毕业，芜湖市第七中学退休教师。曾任《晚晴》诗刊主编，安徽省诗词学会、芜湖诗词学会理事。

奉答余九和诗兼呈诗社师友

无根原本一飘蓬，沾得春晖已老翁。
早岁也曾观上国，中年最怕说江东。
论诗风骨枝还瘦，爱晚霜林叶尚红。
堪慰斫轮多妙手，近台好听奏黄钟。

即　兴

天地浑无迹，凉风逐雁生。疏枝黄叶嫩，微雨绿窗明。
谢职缘多病，裁诗入变声。漫将秋色赋，为奏小民情。

郊居杂咏

潇潇疏雨洒郊原，春暖河塘夜未眠。
起坐推窗听一曲，渔歌晚唱入诗笺。

祝五哥五姐七十大寿

遥望江天祝寿词，铺笺濡墨动乡思。
举家食粥漂摇日，廿载沉冤昭雪时。
天下真情惟骨肉，人间道义见安危。
倾觞再续十年约，绿叶满庭花满枝。

郭珍仁（1924—2002）

安徽繁昌人。繁昌县荻港中学退休教师。曾为中华诗词学会会员，安徽省诗词学会、芜湖诗词学会理事。著有《滨河庐词钞》。

临江仙·雨巷

春入江城增柳色，烟笼几树桃花，暖风柔雨细如纱。深巷闻步急，出巷伞儿遮。　街石凝酥多湿意，邮筒静傍人家。素心一片寄天涯。千言添半语：又绿故园茶。

唐多令·约会

时雨细濛凇，离离幼草萌。约郊游，同觅春踪。挽手相依人悄语：“须记取，小桥东。”　归路绿茸茸，伞儿黄间红。掩肩遮面步迎风。行近家门佯不识，今日别，几时逢？

临江仙·红叶

飒飒萧萧风挟雨，翻风枝上蹁跹。飘摇坠落石根边。经霜红蜡染，拾取作书签。　雁字经天千里寄，情思不断缠绵。知秋一叶续前缘。枕书沉梦里，伴读小灯前。

采桑子·石缘

混沌初奠冰霜砺，巧石天成，洁白晶莹，巨变沧桑历几轮？　　案头清供陈年久，世上奇珍，造化精灵，缘结尘嚣乐此生。

长相思·芜湖长江大桥工地所见

褐山青，赭山青。浩浩长江激浪腾，江东不夜城。
千盏灯，万盏灯。江上骤多灿灿星，大桥添一墩。

梁性初(1924—2014)

安徽无为人。1948年参加革命，芜湖解放后，在市总工会工作。芜湖诗词学会会员。

水仙花

我自城中归，买得水仙草。植在小盆中，只盼花开早。
清晨温水浇，日出迎光照。夜恐花生寒，移盆就暖灶。
一旬叶嫩黄，二旬青窈窕。三旬见蓓蕾，四旬花枝俏。
素粉敷淡妆，风流高格调。凌波欲近人，文静且含笑。
一日看千回，千回亦嫌少。相对两忘言，不知愁与老。

清明书感

蛙鸣雨霁入清明，陌上风和草色新。
千里还乡为扫墓，百年化鹤尚思邻。
怀亲从俗焚钱纸，伤逝未忘奠酒醇。
但愿人人能敬老，何愁世上有孤贫。

村斋独居

村斋独处似僧房，树色苍苍映上堂。
未了尘缘难拜佛，已消俗虑不烧香。
午休常见莺窥户，夜梦惟惊鼠跳墙。
窗外老梅似解意，岁寒为我吐清芳。

火炬鸡冠花

如擎火炬战西风，赢得秋园艳若虹。
玉露沁心心更洁，青霜着色色犹浓。
黄花篱下交新友，红叶村前识古枫。
林野并无萧瑟气，丛丛光焰照征鸿。

储华屏(1924—2013)

安徽怀宁人。安徽学院毕业，芜湖市第十中学高级教师。芜湖诗词学会会员。著有《河东了然吟稿》。

纪念“七七事变”五十周年

五十年前我少年，卢沟桥畔滚狼烟。
钟山黯黯思鹏举，皖水萧萧仰马援。
华夏同仇齐奋起，黄髫敌忾亦争先。
莫云当日人娇小，大别山根捉汉奸。

咏扬州瘦西湖

西湖瘦了更风流，窈窕娉婷怯带羞。
白塔凌云飞逸韵，红桥卧水泊芳舟。

两堤桃柳迎风舞，一路亭台逗客留。
何处园林能比得，杭州未必胜扬州。

丁文南(1924—)

安徽繁昌人。芜湖市土产公司退休职工。

踏莎行·忆抗日流亡同学

日寇南侵，流离道路，残垣断壁多新墓。长亭风雨独凭栏，山河破碎家何处？　茅店荒村，春秋几度？青灯夜读同寒暑。丛山关[1]上步艰难，依稀旧梦情如故。

【注】

①丛山关：在安徽绩溪境内。

周竹友(1924—)

安徽铜陵人。小学校长退休。芜湖诗词学会会员。

踏莎行·怀旧

山径红稀，故人音杳，冬来秋去萦怀抱。当年年少薄情缘，而今翻觉情缘宝。　老态龙钟，情怀懊恼，空嗟行止无由表。夜长无梦倍凄清，时闻孤雁当空叫。

次韵奉答童朝宾诗友

讲台三尺此营生，执教言传体力行。
驻庙守祠心地白，宵衣旰食志通明。
无端谠论阳谋缚，有幸春晖枯木荣。
梦觉故园光景好，闲听林鸟乐和鸣。

光　昶(1924—2002)

安徽枞阳人。曾任中学教师多年。芜湖诗词学会会员。

读《项羽本纪》

暴戾恣睢复自专，徒将神勇古今传。
鸿门纵杀刘亭长，未必中原属楚天。

胡厥东(1925—1989)

安徽桐城人。曾任芜湖市机械局副局长。芜湖诗词学会会员。

国庆汀棠雅集

龙眠学子共从戎，覆地翻天竞显雄。
四十峥嵘稠岁月，万千意气奋西东。
无多建树惊头白，永保忠贞向日红。
换盏传杯迎国庆，大江东去唱诸公。

姚　曙(1925—1991)

安徽枞阳人。安徽学院教育科毕业，曾任桐城县教育局副局长、桐城第二中学校长等职，芜湖诗词学会理事。

有感物价双轨制

清廉为政古来难，双轨价开弊有端。
唯有春风无贵贱，不凭关节到人间。

刘万诚(1925—2015)

安徽固镇人。曾任芜湖市第八中学教师、市机关业余学校教师、民革中山书画院院长。擅绘画。芜湖诗词学会会员。

题画诗

丹青除俗韵，笔墨自家珍。色淡云山远，情浓意境真。
虹桥烟霭冷，野渡草榛深。莫道桃源杳，心宽是处春。

胡家爕(1925—1995)

号塔塘钓客，安徽芜湖人。少时博有文才，尤以诗书画见长。自辑稿本《吟秋楼诗词钞》一卷，今不存。

春日述怀二首

其　一

江南处处又春风，柳眼初舒色未浓。
雨雪何妨芳草绿，桑榆偏爱夕阳红。
世情莫解难随俗，诗债能偿不算穷。
赭塔晴岚人有约，踏青步履尚轻松。

其　二

时节芳菲燕子来，又看新绿映亭台。
春回南国三江暖，策决中枢两会开。
稳步富强酬壮志，深推改革仗雄才。
闲居老朽无他事，小树房前屋后栽。

病中吟

生前死后两茫然，短暂春秋作梦看。
不讶膏肓来二竖，但愁胃口减三餐。
案头书卷尘新积，砚底渣花墨久干。
病榻欲闲闲未得，孤吟成癖改犹难。

王茂德(1925—1996)

安徽桐城人。退休教师。桐城诗词学会常务理事、诗刊副主编，安徽太白楼诗词学会理事，中华诗词学会会员。

纪念“皖南事变”五十周年（四首选一）

祖宗陵墓陷东夷，妥协通谋实可悲。
守土不容谈抗战，阋墙何忍更燃萁。
全民痛洒同仇泪，薄海声援正义师。
青史有书应满载，皖南山水茂林诗。

杂　兴

七二行程非等闲，如磐风雨值时艰。
青春渐觉朱颜改，翠柏还招白士还。
无事不偷闲日月，有钱难买旧江山。
田头种豆溪边菜，十里平畴水一湾。

韦毓骢(1925—1996)

安徽太湖人。安徽师范大学外语系副教授。芜湖诗词学会会员。

游汀棠口占

驱车附骥到汀棠，闹里寻松觅句忙。
碧水无波云影动，平畴十里稻花香。

游广德太极洞古砚池

洞外明珠古砚池，当年泼墨寄深思。
先忧后乐仁人志，莫使今时逊古时。

严成桂(1925—2004)

安徽太湖人。南陵县粮食局副局长退休。

游包公祠

铮铮铁骨地难埋，千古青天共仰怀。
荷藕无丝明正义，廉泉有水鉴邪乖。
莫寻关节龙图阁，且看威严铡狗台。
黎庶讴歌包孝肃，只缘腐恶又成灾。

谒辛亥革命诸先烈墓

救亡赴难战群魔，侠骨忠肠造共和。
抛去头颅流尽血，可怜国事仍多磨。

王　为(1925—)

安徽枞阳人。曾任芜湖电视大学副校长、芜湖诗词学会副会长兼秘书长，现为芜湖诗词学会名誉会长。

还　乡

十年一作故园行，朋辈相逢分外亲。
促膝难倾离后语，抒怀共沐圣时春。
华堂宴客盈樽酒，丰岁村肴满席珍。
桑梓情深人未老，义津桥外晚霞新。

海南风光

琼州环海尽芳华，南国风情别一家。
无雪无霜春不老，好山好水绿多奢。
登高极目层层浪，夹道宜人树树椰。
曾是坡公敷泽地，欲呼金鹿问诗车。

台岛悼仪弟

朝夕嬉游忆昔年，家山别后世途迁。
人间空有团圆梦，一瓣心香奠九泉。

王佑明(1925—)

江西九江人。曾任《中央合作通讯》编辑、中国财政经济出版社编审。

再谒黄山

闻道黄山花盛开，兼程风雨又飞来。
千林鸟语催诗出，万壑松涛撼梦回。
叠嶂生云藏古刹，奔泉泻玉响轻雷。
新茶品罢香留颊，始信峰前更洗杯。

王如贵(1925—2016)

原名王如海，号言每，安徽定远人。寓居芜湖市。历任小学教员、教导主任、校长。枞阳诗词学会、安徽太白楼诗词学会会员，芜湖诗词学会会员，《滴翠诗丛》编委。著有《韵海涛声》。

忆江南·芜湖好

芜湖好，天上落虹桥。两岸轻烟迷翠柳，一湖春水泛兰桡。戴月缓吹箫。

一剪梅·滴翠诗丛

冻解寒消大地春，红醉芜城，绿醒疏林。江南烟景足销魂，香也清醇，色也清纯。　　韵步诗丛共创新，扬我文明，发我新声。箴今鉴古亦精神，高举吟旌，啸对芳辰。

风入松·秋夜思

弦歌断续晚风轻，灯火一楼明。深深庭院人初静，明河淡、几点疏星。草木晶莹披露，更阑独对孤灯。　　竹梅窗外影凄清。幽梦故园行。相思千里龙岗路，有谁知、游子心情。梧叶翻空摇月，庭除萧瑟秋声。

鹧鸪天·市教委举办金婚盛典即兴赠内

五味人生共苦甜，破船风雨浪披舷。穷途生计惭余拙，陋室持家赖汝贤。　　悲去日，惜余年。寒冬历尽又春妍。齐眉喜作金婚颂，盛世尤多幸福篇。

王希坦(1925—)

安徽庐江人。芜湖市第一中学退休教师。

忆解放军渡江战役

十万旌旄百万师，临江布阵展威仪。
梁山四面硝烟起，荻港三更舟楫驰。
穷寇闻风皆慑服，征鞭挥处尽支离。
三军直捣江宁府，扯下青天白日旗。

方四章(1925—2010)

安徽桐城人。芜湖师范学校高级讲师。曾任安徽省数学学会理事，芜湖市数学学会副理事长，芜湖诗词学会理事。

咏项羽（四首选二）

一

霸王事业日蹉跎，众叛亲离可奈何。
纪信肯乘黄屋纛[1]，汉王归唱大风歌。
推诚亚父疏离死，郊命将军聚怨多。
至死犹呼骓不逝，可怜垓下舞婆娑。

二

出走咸阳事已非，阿房一炬对坑灰。
夺人天下收姬侍，逐鹿中原为锦衣。

---

[1] 黄屋纛:项羽出兵围困汉王刘邦于荥阳,汉将纪信“乘黄屋车,傅左纛”,假冒汉王投降楚军,掩护刘邦出逃。纪信杀身成仁,被项羽烧死。

汉定三秦成帝业，楚歌四面叹穷师。
乌江亭长舣船待，哪及荥阳解汉围。

方　白(1925—)

原名方晓天，安徽枞阳人。定居铜陵市，擅书法。曾任铜陵市诗词学会理事。

戊辰秋登无锡九龙山望太湖

攀藤直上九龙巅，万顷湖光涌眼前。
鹿顶有云常带雨，鼋头无树不生烟。[1]
山连吴越通三界，地接苏杭共一川。
好景相看终不厌，归途尤爱夕阳天。

毛文明(1925—)

江苏泰兴人。历任宣城县人武部政委、县委副书记，已离休。芜湖市老干部书画协会副会长、安徽老干部书画研究会会员、芜湖诗词学会会员。著有《东来书屋吟草》。

太平湖上即事

桂楫兰桡湖上行，晴岚拖黛水波清。
挥毫细写江南景，淡抹浓描总是情。

庄　严(1925—)

本名章炎，安徽桐城人。历任中国人民解放军海军技术学校综

[1] 鹿顶、鼋头：无锡有鹿顶山、鼋头渚。

合教研室主任，《海军报》第一任总编辑，芜湖师范专科学校学报主编。著有《诗经风雅颂新论》《中国诗歌美学史》等专著十余部。先后担任安徽省诗词学会、上海市诗词学会、芜湖诗词学会顾问。

贺宛敏灏教授执教六十周年

江干云树绕新居，袖里春风手上书。
渭水丝纶怀吕尚，锺山烟雨想于湖。
低徊要眇千秋句，晴髻横波一代儒。
双卅心肝呕欲尽，普天桃李立阶除。

答宋亦英女史有赠

江淮挺秀一枝梅，白瘦红肥任剪裁。
血泪已浇生命史，性灵还吐倚声才。
梦随修竹襟怀淡，思逐余霞境界开。
更扣心弦忧国事，寄情包拯有深哀。

题施耐庵纪念馆

绘影章回震聩聋，纵横齐鲁火荼中。
拓荒敢辟驱先路，立传能扬造反功。
血染千秋农运史，心仪一代义师风。
替天行道旌旗在，穿越时空未褪红。

吴宣叙(1925—)

安徽枞阳人。1949年参军入伍，曾参加解放大西南和抗美援朝战争，转业后任望江县卫生局局长。芜湖诗词学会会员。

水立方观女跳水运动员

似识春风燕，曾观浴水莲。芙蓉秋带雨，皎月夜含烟。
玉貌台前立，金牌颈上悬。都云看不足，何处觅婵娟。

一剪梅·军之恋

投笔从戎意气豪，考上军高①，披上征袍。跟随刘邓扫残妖，炮共山摇，歌共云飘。　抗美援朝败麦枭②。军望升飚，国望增高。而今白发志未消，身在官桥，心在上饶③。

【注】

①军高：指二野军政大学。
②麦枭：指美军司令麦克阿瑟。
③上饶：指作者原所在部队驻地江西上饶。

盛　法(1925—)

安徽桐城人。1949年毕业于安徽大学中文系。安徽省商业学校校长离休。曾任安徽省炳烛诗书画联谊会副会长兼会刊主编。著有诗集《无射斋吟稿》等。

读葛冰如师《凌寒阁吟草》

沉沉风雨夜，高阁写沧桑。玉洁冰清意，忧时爱国章。
眼青师独厚，头白我难忘。幸有遗篇在，江河日月长。

游黟县西递村二首

一

四野烟霞绕翠川，轻车百里访桃源。

春光正满江南道，红遍青山是杜鹃。

二

此处民风犹尚古，村头流水自东来。
徽商德泽分明在，经济文章两不衰。

寄桐城旧友

青春有梦浮沧海，壮岁豪情共逝川。
自古艰难能励志，从来旷达好延年。
无言青史存兴废，未老童心寄管弦。
翘首乡关云漠漠，何时携手访龙眠?

车过芜湖长江大桥

喜见横江又一虹，心波浩浩意难任。
应知今日飞车客，便是当年待渡人。
八皖交通斯更捷，四桥兄弟尔为尊。
鸠兹古郡添双翼，飞向沧溟好化鲲!

杨良昆(1925—)

安徽繁昌人。曾任繁昌县文教局科员、繁昌县新港中学教师。

游九华登天台留影

伫立天台瞰九峰，莲花缥缈沐天风。
浮云冉冉林间绕，溪水潺潺涧底冲。
扑面寒风吹白发，撩人细雨润苍松。
身临佛国留清影，泥爪他年证雪鸿。

钱　千(1925—)

安徽枞阳人。安徽大学毕业，安徽省工业公司党委书记离休。桐城诗词学会名誉会长，芜湖诗词学会顾问。著有《浪沙诗词集》。

西江月·荷边夕照

雨后新晴初夏，华池翠盖浮香。长堤草色绿如秧，细柳微风轻浪。　　今日重来湖上，云天雁过秋凉。荷边夕照几彷徨，犹记当年模样。

鹧鸪天·念故人

半世纪常念故人，几番风雨洗征尘。高山远水华年淡，地阔天长友谊纯。　　思往事，感今闻，此生浪激过浮云。昔为敦促春来早，惊现红梅秀出群。

朝中措·如今

近来常忆旧时踪，几遇雨和风。世态炎凉难耐，天灾人祸常逢。　　浮云过眼，瞬间数变，逝影长空。回首不堪往事，如今又叹龙钟。

丁文烈(1925—2016)

安徽枞阳人。小学校长退休。曾任芜湖诗词学会顾问。

寿刘彪兄八十华诞

一别龙眠几度逢，我如燕雀尔如鸿。

从戎应葆书生气，采药犹传壮士风。
数载牛棚余骏骨，八方山色育诗雄。
杖朝祝暇于湖畔，遥贺期颐不老翁。

黄自立(1925—)

江西玉山人。安庆诗词学会理事，安庆市《桑榆颂诗刊》副主编。著有《愈愚庵吟稿》《怀玉山人诗选》。

追思陈独秀先生之最后十年

“陈案”当时举国喧，沪宁押解自鼾眠。
法庭演说诠真理，囹圄挥毫斥巨奸。
抗战呼声招忌妒，迁居遁迹却支援。
病贫交迫忧民困，甘守衡门到九泉。

王瑞林(1925—)

安徽无为人。芜湖诗词学会会员。

随　兴

堤外乡村景物华，草塘水满乱鸣蛙。
绿杨深处红楼立，尽是寻常百姓家。

汪　骥(1925—)

安徽枞阳人。曾任中学教师。芜湖诗词学会会员。

湖村晚眺

雨止千山翠，斜阳夕照红。银鸥浮浪里，白鹭宿林中。
牧笛鸣村野，渔歌唱晚风。农民双抢急，脱谷庆年丰。

马养清(1926—)

安徽芜湖人。安徽大学法律系毕业，曾任芜湖市人民法院审判员，芜湖市第七中学、第二十三中学教师，市人民检察院检察员。芜湖诗词学会会员。著有《浮生追梦》。

探桂林芦笛岩地下溶洞

声声芦笛远朋来，访胜寻幽雅境开。
莫道琼宫天上有，分明此地即蓬莱。

陶　光(1926—2011)

字南薰，安徽巢湖人。巢湖学院副教授，当代著名诗人。工诗词、书法、金石、考据及岐黄之学。著有《焚余吟稿》等。

思　痛

不羡飞黄作蠹官，每思往痛尚心寒。
逞凶左道弥天孽，肆虐瘟君旷古残。
世界终趋多极化，神州已重庶民安。
我诗岂尽抒忧愤，治国何妨当史看。

漫　兴

不赋三都藻饰辞，但将心史绩成丝。
虫沙事业谁贪恋，蝇狗功名俱昧痴。

拍案敢抨天失道，横眉终见虎悬皮。
神州自有神龙护，海晏河清应可期。

论诗二首

一

诗从学养见功夫，莫把歌吟当咒符。
雾里看花谁赏得，须知含蓄异含糊。

二

拾人牙慧徒贻笑，自吐冰丝始是珍。
剽窃谁能成大器，新声尤贵在情真。

八十自述

一梦八十年，酸甜苦辣咸。宛若远航客，飘摇沧海间。
几经骇浪卷，屡触险礁滩。鲨鲸时出没，袭人甚凶残。
深羡守舍翁，垂钓乐安闲。归来还自喜，幸未错乘船。

王　炯(1926—)

安徽五河人。曾在望江县工作。芜湖诗词学会会员。著有《南湖吟草》《南湖吟草续集》《夕晖吟草》。

苏幕遮·亡妻三周年祭

彩云归，山叠翠。欲醉枫林，曾是倾心地。芳迹重寻肠断碎。白酒杯杯，都是相思泪。　　忆当年，惊喜会。携手红尘，家国心劳瘁。献出青春无怨悔。奠汝西归，倏又三周岁。

鹧鸪天·邓小平110周年诞辰

力挽狂澜气贯虹，中流砥柱导航程。肩挑日月乾坤定，手绘春秋绥太平。　　兴伟业，展经纶，兴邦图治巨龙腾。国强民富功彪炳，盛世终成靖世宁。

水调歌头·颂胡耀邦

虎啸震天地，浩气壮河山。英风胆略超凡，侠骨踏冰寒。无惧油锅敢下，慷慨高歌呐喊，愤把复盆掀。旭日破天晓，华夏又春天。　　怀忠烈，披肝胆，路艰难。晴天霹雳，神州痛失一英贤。正气长留人世，勋业长垂青史，盛誉满人间。松柏忠魂伴，时代伟名传。

马祖毅(1926—)

字士弘，号惠庵，江苏建湖人。复旦大学中文系毕业，安徽大学外语系教授。中国作家协会会员、安徽太白楼诗词学会副会长。翻译和编辑《大洋洲文学》丛刊，著有《皖诗玉屑》等。

观汪涛声作画即兴三首

一

贴耳泉声暖，凝林夜色凉。月轮虽不满，白石自生光。

二

弃舟觅幽境，山深知几许。林静鸟不喧，塔铃云外语。

三

虹消雨霁晚风柔，夹岸莺啼柳叶稠。
一棹寻诗人去远，山魂水韵梦悠悠。

刘东明(1926—)

江苏建湖人。宣城地区离休干部。芜湖诗词学会会员。

菩萨蛮·芜湖首届菊花节

天高云淡金风爽，江城巷陌同欢唱。邀菊镜湖滨，今年花展新。　　游人香满袖，灯彩辉如昼。人面与花光，依依情韵长。

岑　英(1926—2014)

安徽芜湖人。曾任芜湖市炼钢厂党委副书记。安徽太白楼诗词学会、芜湖诗词学会会员。著有《岑英诗词集》。

鹧鸪天·故乡

密密林墙野岭烟，村前沙路海无边。涌来巨浪催人返，满载船儿鱼活鲜。　　秋月照，捕鱼还，家家露宿伴风餐。朝风暮浪忘艰苦，一曲渔歌唱晚天。

任　杰(1926—2006)

北京人。曾任芜湖晶体管厂副厂长。芜湖诗词学会会员。

咏　梅

严冬腊月北风吹，数朵梅花绽晓枝。
铁骨冰肌映瑞雪，幽香缕缕染朝晖。

送胞弟夫妇赴大西北

烈火红岩映赤霞，平沙莽莽乐无涯。
铺成双轨通南北，伉俪同心报国家。

郭静洲(1926—)

安徽巢县人。芜湖县志办退休干部。安徽太白楼诗词学会理事，芜湖县诗书画学会顾问，芜湖诗词学会会员。

黄山索道

松涛云海人间绝，索道行空又一奇。
到此不知身羽化，乘风直上是瑶池。

重返宣城杨柳铺有感

久离杨柳喜重游，往事如烟意更稠。
翘首云山迎故客，纵情溪水放歌喉。
楼台耸立添新貌，桃李芬芳解夙忧。
人杰地灵今胜昔，愧无一技献宏猷。

纪念西安事变七十周年

溪流风雨系方舟，更有燃萁煮豆忧。
爱国泪陈三省失，犯颜兵谏一亭留。
精诚团结驱倭寇，大义从容作楚囚。
七十年来尘与土，将军青史耀千秋。

刘　征(1926—)

原名刘国正，北京人。曾任《中华诗词》主编，中华诗词学会副会长，中国毛泽东诗词研究会副会长。著有诗集《海燕戒》《花神和雨神》《最后的香肠》《枭鸣集》《春风燕语》《刘征寓言诗》《刺和花》《流外楼诗词》《画虎居诗词》等。

绿　竹

小园花树繁，最爱青青竹。绕舍千百竿，当窗复倚户。
高者亭亭立，翠袖翩翩舞。仿佛思远人，黄昏自延伫。
低者伏草间，虫蚁为俦侣。仿佛儿童戏，颇有天真趣。
逸者似吟诗，伸眉舒远目。徐徐清风来，拍手得新句。
悴者若生愁，摧折何局蹙？一枝劲似铁，指向天高处。
晨起步竹迳，老伴相扶助。错落筛晨光，衣袖沾清露。
夜卧感新凉，清梦时断续。洒洒复潇潇，枕畔竹梢雨。
高窗印竹影，明月当三五。颇讶造化工，绝妙胜毫素。
爱君有清风，青衫能醉舞；爱君有劲骨，无蔓事攀附；
爱君能本色，无花弄媚妩；爱君能率真，虚中无城府。
东坡爱竹甚，宁可食无肉。我好与坡同，无竹令人俗。
来朝风雪寒，更爱青如故。

王　冰(1926—)

原名冰川，辽宁义县人。1948年参加新四军游击队，1953年转业任中学教师。1988年离休。中华诗词学会会员，安徽省诗词学会和炳烛诗书画联谊会名誉副会长。著有《绿梦轩吟草》《绿梦轩诗文集》《绿梦轩诗词选》《绿梦轩诗词续集》等。

贺新郎·归里

万里关山越，怅归来，人非物是，此心伤绝。烂漫韶光空掷去，赢得一头霜雪。忍回首，壮怀激烈。目送凌川东逝水，正滔滔浊浪翻千叠。对苍天，眺明月。　欲回桑梓寻童乐。奈风吹，华年旧梦，一如秋叶。旧雨凋零新朋老，只有小园幽洁。瓜与豆，招蜂惹蝶。弱岁天伦多少事，引两行清泪纷纷落。秋夜雨，渐消歇。

文振英(1926—)

安徽无为人。曾在县农科所工作。芜湖诗词学会会员。

应邀赴何湾镇政府老年学校授太极拳

离别故乡二十年，黄花九月会诸贤。
相看一笑头皆白，人老身强便是仙。

汤津液(1926—2003)

安徽望江人。曾任中心小学教师、教导主任。

丁丑重九出游

放眼遥天景色幽，龙山路上伴同俦。
雁来紫塞三千界，人醉丹枫万里秋。
红叶情添骚客兴，黄花香满老年头。
班联玉笋甘居后，稳坐轻车一日游。

咏西施菊

遥望秋丛独出奇，捧心宛似活西施。
疏篱月挂妆台镜，老圃花融润玉姿。
顾影堪怜倾国貌，流香犹忆浣纱时。
傲霜不减风流态，低首颦容胜画眉。

黄忠信(1926—)

字文烈，安徽枞阳人。曾任乡长、县商业系统干部。芜湖诗词学会会员。

山村教师

执教深山里，良师百事承。崎岖唯鸟道，朝夕独身行。
茹苦何曾怨，传薪自觉馨。新苗堪茁壮，不忘浴春风。

左克安(1926—)

安徽桐城人。桐城市第二中学退休教师。桐城诗词学会常务理事、编委。

忆边城

万壑千峰里，边城夕照横。松涛腾海啸，底事不平鸣？

赞陈少敏

巾帼英雄撼敌氛，开边勤政万民亲。
抠心一票惊天地，怒目千夫泣鬼神。
莫道秋风扫落叶，试看翠柏出红尘。

如今评点荒唐事，无畏无私独此人。

奉读《霜前横笛》致江婴先生

吟坛高咏日纷纷，几见方家敢较真。
心有黎民诗有胆，江婴独具此精神。

韦声午(1927—2003)

安徽枞阳人。退休前在枞阳县信用社工作。芜湖诗词学会会员。著有《无腔集》。

漏屋吟

身似漂萍东复西，鹪鹩未稳一枝依。
换巢劳燕情难换，离土悲鸿梦不离。
世事无常稀坦道，人心莫测类围棋。
桃源容我长相住，谢绝渔郎再出溪。

申玉萍(1927—)

江苏宿迁人。上海第一医学院工农干部卫生系毕业，曾任芜湖市中医医院副院长。芜湖诗词学会会员。

江山如画

直上峰亭眼底宽，鸠兹城郭两江环。
千年古邑开新港，如画湖山冠皖南。

姚啸仙(1927—1997)

安徽繁昌人。曾任繁昌县三山卫生院中医师。

西江月·庆祝建党七十周年

五次反围星火，八年抗日烽烟，平津辽海渡江船，换得人间巨变。　　广厦高楼拔地，卫星火箭升天，十年规划更空前，指日小康实现。

王国城(1927—)

安徽无为人。1949年5月参加革命，先后在芜湖市公安局、市检察院工作。芜湖诗词学会、敬亭山诗词学会、安徽太白楼诗词学会会员。著有《野叟随笔》。

答友人

老友情深未可量，相逢絮语暖心房。
羡君来去真如意，笑我行踪总是忙。
卅载生涯无建树，十年动乱误时光。
风情还是家乡好，悔作飘蓬随处扬。

重访太原

三十九年弹指间，太原已改旧时颜。
高楼林立如春笋，街道纵横呈井田。
迎泽桥头花似锦，汾河岸畔柳含烟。
谁知黄土高坡地，也有江南一片天。

汪炎亮(1927—2015)

安徽南陵人。曾任小学教师。芜湖诗词学会会员。著有诗集《射的山房雨霁轩唱晚》。

抒怀八首次杜甫秋兴原韵（选四）

一

何妨日影向西斜，我自优游赏物华。
独坐山房闲弄韵，众邀艺海泛浮槎。
九州共谱和谐曲，百族同吹团结笳。
玉露降临添晚景，满林枫叶艳如花。

二

早眠早起沐朝晖，四顾峰峦缀翠微。
日畔浮云欣远散，梁间雏燕喜高飞。
满腔余热为人献，一片良心不我违。
瘦骨嶙峋堪自慰，不须急着减身肥。

三

得失人生似走棋，几多欢喜几多悲。
群芳零落风狂日，百卉欣荣春暖时。
种草莳花酬晚趣，修身养性不神驰。
恢弘国粹传薪火，窃喜年高尚敏思。

四

山溪出谷自逶迤，一股清流入绿陂。
野外扶筇穿草径，身旁剔刺护花枝。
家贫好客情犹在，齿豁吟诗兴不移。
笑看春华桃李杏，年年硕果满园垂。

夏文兰(1927—2010)

湖南长沙人。长期从事税务工作。曾任北京澄霞诗社常务理事，芜湖诗词学会理事、顾问。著有《税海拾韵》。

野菊花

沐雨经风傍壑沟，甘居瘠土别无求。
山间自有清泉润，不与桃花逐水流。

叶石林(1927—2004)

笔名白荻，安徽全椒人。复旦大学毕业。曾任芜湖日报主任编辑，芜湖诗词学会常务理事兼《滴翠诗丛》副主编，中华诗词学会、安徽省诗词学会会员。著有诗集《江南草》。

荒原秋夜

万古洪荒地，中天月色妍。莽原如泻雪，林海似笼烟。
无语清河水，有情完达山。①秋虫声戚戚，吴客不成眠。

【注】

①小清河、完达山：皆北大荒地名。

黄山松

侧身于绝巘，挺秀雨风中。长葆千年绿，不争一日红。

门牙脱落口占

齿牙松动时为患，久欲根除恨不能。

一日轻摇自脱落，又愁祸出口无门。

踏莎行·芜湖长江大桥开工

广福矶头，惊涛拍岸。踏波连栈桥基奠。鸠兹父老盼年年，长虹飞架中江岸。　世纪工程，蓝图展现。华东通道黄金线。北疆南粤任奔驰，铁龙辘辘过天堑。

李尚义(1927—)

安徽无为人。曾任芜湖裕溪口港埠公司干部。芜湖诗词学会会员。

临江仙·裕溪口春色

红杏压枝芳草碧，桃花人面争妍。流莺声断绿杨烟。紫英铺满地，粉蝶舞蹁跹。　古镇濡须添秀色，纷纷连袂游园。春风骀荡艳阳天。踏青人欲醉，小憩画栏前。

清明忆长兄

时届清明春色浓，漫原荒冢草葱葱。
长兄在日亲如父，厚意何人情若侬。
提抱赖他过盛夏，搀扶待我度寒冬。
自从飘泊他乡后，愧未坟前鞠一躬。

小重山·思念

一别音容第几春，凄凉风雨夜，与谁亲。细思往事黯消魂。空惆怅，独自度黄昏。　倾诉给伊人。纵然思满腹，也艰辛。一腔愁绪化诗文。难寄出，只有泪沾巾。

吴朝晴(1927—2014)

安徽枞阳人。枞阳县粮食局干部。曾任枞阳诗词学会秘书长、会长，中华诗词学会、安徽省诗词学会会员，芜湖诗词学会顾问。著有《枞阳陌咏》《晴窗存稿》《晴窗风月》《枞阳山水》等诗集，《枞阳风雅》(副主编)。

赭山滴翠轩

滴翠轩编滴翠诗，风骚词曲总相宜。
黄张格调高千古，写尽人间绝妙辞。

石　舫

性耽淡泊度平生，自得幽奇物外情。
财纵富人难买命，石能庇我直呼兄。
云开宿雨窗迎月，诗出新裁客解酲。
方寸五湖天地阔，书声停处起鼾声。

故乡吟

红楼耸立竹篱低，绿树参差花满枝。
几处余烟烧粪土，一鞭残月叱耕犁。
凉风乍起仓藏谷，微雨未收燕啄泥。
久旅他乡怀故里，晨昏闲钓石桥西。

杨华实(1927—2008)

安徽合肥人。繁昌县乡镇企业局退休干部。芜湖诗词学会会员。著有《弋海舟吟笺》。

黄山天都峰

金鸡初唱天都醒，壮丽景观天际横。
五海云涛风激荡，一轮朝日气蒸腾。
群峰隐约浮仙岛，绝顶嵯峨踞太清。
咫尺俯临千仞壁，游人怯步更心惊。

江城子·沧江羁旅

沧江瓢泼雨嘈嘈，浪滔滔，拍航标，难计归期，久滞一心焦。且把帆樯悬挂稳，等霁色，看风涛。　虹升心慰起沉锚，趁高潮，顺低潮，涉险依山，九曲路迢迢。再向前头摇一橹，村影熟，旅愁消。

岳松乔(1927—)

安徽凤台人。肥西县雪花吟社副秘书长，著有《岳松乔诗词》《养心台诗草》。

少年游·郊行

春晴闲步杏花天，野甸物华妍。连天芳草，风柔气淑，流水绕平滩。　无情岁月催吾老，曳杖漫流连。草舍人家，牛羊门巷，袅袅一村烟。

夜话家山

粗衣淡食憩归心，往事痕消岁月沉。
夜话中秋今昔事，爱听悦耳故乡音。

读清季胡大川孝廉幻想诗感而和之

老眼观书喜猎奇，稗官野史足舒颐。
丹唇玉貌传芳讯，燕市吴宫报故知。
飞剑除奸真侠女，裹尸马革好男儿。
深秋客邸娱长夜，最是明灯卧读时。

鲍弘达(1927—)

安徽歙县人。芜湖市建委总工程师。芜湖诗词学会名誉会长。著有诗集《不务正业集》和《鲍弘达画集》等。

人　生

侧身天地几春秋，不尽长江滚滚流。
拾贝无珠堪一笑，人生何必太奢求。

游滕王阁

江流如故千帆竞，世事兴衰几度秋。
蛱蝶惟存壁上影，滕王空向序中留。
落霞孤鹜思名句，画栋重檐复旧楼。
追古扬今皆过客，西山斜日自悠悠。

故里羊溪

溪流岂解人生路，乱石堆滩不记年。
古塔斜阳犹似昔，新桥横卧已非前。

章光斗(1927—2003)

安徽南陵人。曾任南陵县黄墓区文教干事，黄墓镇财政所所长。芜湖诗词学会会员。

草　色

路边小草暗中生，点缀人间岁岁情。
昨日未知春已到，今朝忽见岭头青。

学诗偶得

金针刺绣牡丹开，秋桂春兰笔底裁。
馅饼岂从天上落，好诗都自苦中来。

汪静平(1927—)

安徽芜湖人。芜湖诗词学会、芜湖县诗书画学会会员。

教师节感赋

呕心沥血授真知，暑往寒来甘作梯。
浩劫时期称老九，三中会后赞人师。
弘扬传统诗书艺，记举兴邦科教旗。
喜看今朝桃李艳，枥间老骥不休蹄。

浦经洲(1927—2008)

安徽肥东人。安徽师范大学中文系副教授。曾在芜湖市老年大学、宣城地区老年大学等讲授古典诗词。曾任芜湖诗词学会顾问。著有《浦洲吟草》，编有《诗词鉴赏与格律》(老年大学教材)。

鹧鸪天·读刘振亚诗兄《独臂翁诗存》

饱历冰霜气益增，胸怀坦荡看人生。天公有意施磨劫，洗尽凡尘倍觉诚。　　留史册，示儿孙：应知坦道惜光阴。感君檀板江湖日，唱彻忠良大义声。

白衣天使颂

谈“非”色变人相避，天使白衣迎上来。
救死扶伤唯奉献，舍身忘我见胸怀。

鹧鸪天·乒乓球夺冠

癸未十月，我随队友赴合肥参加省第一届老年运动会，并荣获乒乓赛团体冠军和单打冠军，因作一阕以志。

癸未清秋天气晴，江淮白发聚庐城。乒坛挥拍银球舞，奋战赢来双冠军。　　安师大，振威名，队员风采众相钦。吾龄七八心犹壮，胜利归来乐趣生。

于湖颂

纪念爱国词人张孝祥诞辰八百七十周年。

爱国词人张孝祥，幼年随父住中江。
潜心苦读圣贤籍，一举成名状元郎。
志在济民纾国难，上书进谏忤君王。
敢为武穆平冤狱，奸秦无日不惶惶。
官位虽高非所恋，江山破碎实心伤。
满腔忠愤情难了，尽入诗词论短长。
玉洁冰清遭罢斥，孤光自照泛沧浪。
年刚卅八挂冠去，烟雨墩筑归来堂。
田捐百亩莲湖碧，乡梓平添好风光。

又架浮桥弋水上，居民来往步康庄。
亭台寺院遍题咏，玩鞭胜迹墨留香。
纵有闲情何补恨，赭山顶上泪滂滂。
于湖居士因自号，楚尾吴头寄行藏。
可叹英年竟早逝，工商罢市吊贤良。
一祠耸立镜湖畔，遗爱长留民不忘。
华诞今逢八百七，人间几度历沧桑。
国运昌隆多胜事，镜湖之畔建广场。
高卧林中公应喜，清波广厦意轩昂。
我今恭作于湖颂，爱国精神永发扬。

郑业仓(1927—)

安徽无为人。曾在宣城市国税局工作。芜湖诗词学会会员。

清明随赋

清明时节意绵绵，路畔山边化纸钱。
纵舍万金难买孝，承欢菽水重生前。

江　婴(1927—)

原名伍先祯，安徽无为人。现居天津，已离休。当代著名诗人。著有诗集《半叶诗选》《江婴诗集》《霜前拾叶》《霜前横笛》《江婴诗存》等。

寄语大江

雪岭危依炎日光，冰心化作九回肠。
霖情露意过蛮野，浪剑波斤辟古航。

一万里江翻梦幻，五千年月照洪荒。
滔滔滚滚东流去，淘尽豪情赴莽苍。

重登赭山入广济寺见山谷石刻像文革中历劫感赋

劫余古刹劫余人，扶杖重登正暮春。
旧殿依山半归佛，残碑嵌壁竟成珍。
当年岂识梦中梦，异代空悲身外身。
手植一株银杏老，风云千载眺江旻。

再别芜湖

羁燕泊赵劫余身，且作家乡异地人。
发乱风中回皓首，赭山兀自立江晨。

姚佐澄(1927—2015)

安徽枞阳人。退休前在望江县公安局工作。曾任芜湖诗词学会理事。著有《佐澄诗文选》。

鹧鸪天·山上运输队

奋斗人生藐困难，敢挑重担上高山，敞怀吐气冲云汉，纵步登阶踄岭巅。　随打杵，便更肩，衣衫湿透汗如泉。路人询问酬多少？十里来回十块钱。

江城子·漫忆

林泉静谧寄吾身，远风尘，结芳邻。日出持竿，柳岸漫垂纶。或下小园观秀色，看蛱蝶，采缤纷。　花开春暖访朋亲，上烟墩，宿渔村。独荡扁舟，放棹向湖心，呼取白鸥相问讯，波浩淼，几浮沉。

满庭芳·老有所为

花甲初过，离休以后，忝参县志编修。历程回顾，董笔写春秋。政法篇成付梓，终赢得，扉页名留。归去也，重温格律，往事漫歌讴。　悠悠，人已达，杖朝有六，夫复何求。唯诗兴盎然，迸发难收。况爱游山玩水，双品味，宠辱全丢。红羊劫，权当火炼，锻冶更添筹。

如梦令·三月踏青二首

一

老耄抗癌憔悴，更晓人生滋味。晨起看芳菲，那是三春妩媚。无悔，无悔，一片心如止水。

二

拄杖宽平村路，欣赏芳菲无数。忽悯落红悲，雨打香骸谁护？谁护？谁护？更惜漫天飞絮。

周维华(1927—2009)

安徽枞阳人。退休前在枞阳县经贸委工作。曾任《枞阳诗词》主编，枞阳诗词学会名誉会长。著有《浪花集》《涛声诗词选》。

江城子·偶过农家留饮即兴

偶然闲步过农家，隔篱笆，话桑麻。言语相投，邀我试新茶。半亩池塘临小院，鱼戏水，蝶穿花。　举杯谈笑乐无涯，日西斜，兴犹赊。腊酒春鲜，香色味堪夸。更喜热情东道主，须似雪，面如霞。

旅途中秋

淡淡星河隔女牛，乡情黯暗上心头。
三杯浊酒酬佳节，万里清辉动客愁。
断续虫声难入梦，婆娑竹影倦凝眸。
一年最好今宵月，偏在天涯独倚楼。

钱子帆(1927—)

安徽枞阳人。退休前在枞阳县职教中心工作。芜湖诗词学会顾问。

缅怀钱公学森

胸怀广阔旷今古，不慕官阶不爱钱。
冲破樊笼回故土，主攻科技宰玄天。
一凭脑力开新纪，七叩蟾宫启后贤。
位列银河[1]光闪烁，五洲史册永流传。

月夜湖上泛舟

入夜泛舟湖上行，风微柳醒水纹生。
苍穹欲静流萤乱，星烁云移月有声。

沈味廉(1927—)

字卫镰，号沉浮，又号昨非斋主人，安徽芜湖人。安徽师范学

[1] 位列银河：钱学森是中国航天事业奠基人。2001年12月21日钱学森90寿辰之际，经国际小行星协会批准，中科院紫金山天文台将其发现的国际编号3763小行星，命名为“钱学森星”。

院化学专业毕业，曾任宣城师范学校、和县师范学校、芜湖县方村中学教师。中华诗词学会会员，安徽太白楼诗词学会、敬亭山诗词学会、芜湖诗词学会理事。著有《三江诗词》《犹生》。

春　郊

莺梭织柳绿杨堤，漠漠春田趁雨犁。
簇簇秧针如碧毯，村村桃李自成蹊。

西江月·喜迁新楼

拂晓东方迎日，黄昏北斗拈星。吟哦未敢发高声，怕被嫦娥偷听。　闲藉明窗把卷，聊凭白水迎朋。往来多是老园丁，共庆晴和晚景。

浣溪沙二阕

学浅才疏莫犯愁，双眸苦向五车求。百家诸子读从头。　语法修辞潜意啃，新闻时政悉心收，八旬奋起揽潮流。

处世全凭道义担，修身惯读圣贤篇。养廉抱朴志弥坚。　闻过无心将我后，论功有意让人先，余年只盼子孙贤。

程志生(1928—)

安徽怀宁人。曾任中共南陵县委宣传部长、文联主席，芜湖诗词学会副会长、顾问。著有诗集《松溪韵语》《松溪韵语续集》。

寄　迹

寄迹南陵五十年，楚狂本色尚依然。

甜酸苦辣知深味，书画诗词结厚缘。
近晚人生尤重节，伤时肝胆莫宜偏。
横胸百感空忧愤，暂寓红尘夹缝间。

己卯春节农村见闻

平畴泛绿雾初收，节后农家兴未休。
外出打工新上路，叮咛细语隔墙头。

板石岭赏桂花

翠压高枝攒嫩黄，素标清格趁新凉。
月中有客难邀醉，世上无花敢斗香。
制饯尚须广寒蕊，修冠更待状元郎。
我来板石岭头望，满目葱茏独占芳。

清心寡欲度光阴

书藏四壁自堪珍，惠及儿孙永不贫。
有益新闻常过目，无聊麻将不关心。
闲来握卷搜韩柳，兴至挥毫拜杜辛。
百事无成归小我，清心寡欲度光阴。

林泉笑傲兴初浓

老而未朽也称雄，有志须当发奋功。
铁碗幸存纳五斗，敝裘尚可御三冬。
芳菲已失青山外，意气依然夕照中。
恒产传家余一砚，林泉啸傲兴方浓。

傅学华(1928—)

号肖岩，原籍安徽桐城，出生于南陵。曾任中心学校教导主任、高级教师。中华诗词学会、南京诗词学会、安徽省炳烛诗书画联谊会、芜湖诗词学会会员。著有《肖岩居吟稿》。

参观太平天国历史博物馆有感

文书史籍记从前，革命洪流荡大千。
席卷江南凡九省，扬威天国十余年。
争权夺利生嫌隙，极侈穷奢隐败源。
睹物评思长扼腕，垂成功业付轻烟。

黄显邦(1928—)

笔名梦溪，安徽无为人。在芜湖市工作，历任干事、科长、公司副经理等职。离休后曾任芜湖诗词学会副会长、顾问，芜湖老干部书画协会常务理事，安徽太白楼诗词学会理事。著有《环溪居吟草》《环溪居诗文集》，选注《历代爱情诗歌选》。

纪念抗日战争胜利七十周年二首

一

扫尽狼烟七十年，国仇家恨记犹鲜。
八年血战腥风雨，赢得降幡出日边。

二

一衣带水望扶桑，邻睦邦交忆盛唐。
应释前嫌敦旧好，和平共处谱新章。

乡愁二首

一

环溪绕宅西河水，绿树浓荫翠拂头。
梦里归来寻旧迹，人生无限是乡愁。

二

校办村头忆旧情，犹闻朗朗读书声。
当年学友今何在，细数多为隔世人。

雨后村晴

竹篱瓦舍静幽幽，园外潺潺溪水流。
一夜东风吹雨歇，桃花含笑出墙头。

方造英(1928—)

安徽枞阳人。1955年参加工作，江西省九江县计划委员会副主任退休。曾任九江县渊明诗社副社长、顾问，中华诗词学会、江西省诗词学会、芜湖诗词学会会员。著有《造英吟草》《造英吟草续集》。

南普陀寺一瞥

名山古刹非凡境，香客如云出入频。
若使平时皆自律，何须此刻苦求神。

幽　兰

深山野壑自栖身，羞慕倾城耻效颦。
落落慧中标世范，谦谦秀外醉吟魂。
餐风饮露烟霞伍，沐雨披霜松竹邻。

不赖藩篱称绰约，宁抛私欲远嚣尘。

刘西霖(1928—2014)

安徽南陵人。繁昌县教委退休干部。芜湖诗词学会第一届理事。著有《知乐斋诗词》。

一剪梅·乘缆车登黄山白鹅岭

一索横空穿碧霄，天上车摇，峰上仙招，一峰更比一峰高。云也飘飘，风也萧萧。　　今日缆车胜似轺，路若天桥，人若云雕，黄山着意逞多娇，山把人邀，景把心撩。

谒金门·雨后

蚕上簇，篱畔蔷薇香馥，雨歇天青山若浴，草塘鸣啯啯。　　头上绡花斜矗，高卷裤筒光脚，快似蜻蜓频点水，水田生翠绿。

一剪梅·怀远

蓼醉轻霜映水红，谢了芙蓉，红了林枫。南归雁字挂长空，目送孤鸿，勾起离衷。　　一片清光照帘栊，夜色蒙蒙，思念重重。声声夜半警眠钟。睡意无踪，残月如弓。

刘振亚(1928—)

安徽无为人。安徽师范学院中文科毕业，无为县六洲中学退休教师。安徽省诗词学会、芜湖诗词学会会员，无为县诗词学会理事。著有《独臂翁诗存》。

拾粪歌

断臂后，被遣回乡，任民办教师，“文革”中靠边，终日拾粪换工分自给，作歌自娱。

读诗书，知荣辱，失马焉知不是福？逐名利，总徒劳，亡羊何须再补牢。只手拾粪能行乐，自由行吟村南北。夏赏绿荷冬吟梅，春不种桃秋采菊。童子群随不肯散，爱听吾歌唐和汉；老者田头窥无人，赠我卷烟留我饭。倦来树下席地眠，渴饮清泉小河畔。破帽生风且遮颜，鹑衣蔽体还揩汗。遍地英雄下夕烟，我交畜粪一小担。晚入蜗庐门不掩，半瓶浊酒饮如灌。卧读唐诗百虑消，诗梦觉来已达旦。

梦游黄山

久慕黄山只识图，华胥借径上天都。
温泉仰泳观苍狗，醉石斜依倾玉壶。
万国衣冠惊鲫背，九华烟雾绕穹庐。
谁悬人字凌空瀑，一洗尘心意气舒。

梦笔生花

谁趁江淹梦熟时，偷将毫彩绘山姿。
倚天掠地龙蛇舞，笔扫群峰尽入诗。

步凌绍虞先生《古稀吟》原玉

独臂书生闹古稀，险关炼狱未为奇。
重开新宇民歌邓，又坐春风史作师。
力戒卷烟因益寿，每沽烧酒必吟诗。
性刚却有人情味，故旧新朋幸也知。

刘福安(1928—)

安徽桐城人。曾任小学教师、校长，桐城县人大常委会委员等职。芜湖诗词学会理事。

退休村居二首

一

卅载教坛久，归来守故庐。小园春尚好，花气满庭除。

二

家业惟耕读，村居意自舒。山青宜晚眺，信步有孙扶。

故　居

猫头山下水流长，高耸群楼傍草塘。
客岁农家双燕子，重来不见旧时梁。

茶乡即景

层峦叠嶂近瑶台，嫩绿毛峰满眼开。
云雾迷人香亦醉，小姑纤手摘将来。

张正白(1928—)

安徽繁昌人。南京外语学院肄业，繁昌县教师进修学校退休教师。芜湖诗词学会会员。

游九华云中寺

禅房高筑乱云边，云里钟声响彻天。

直面群山迟吐日，隔溪峭壁挂飞泉。

放　牧

披霞带露逍遥去，尽日遨游积翠峰。
渴饮山泉溪畔卧，牛羊隐没草丛中。

牛归栏

无需吆喝下山来，背立斑鸠漫步回。
快到村边鸟飞去，斜阳西照木栏开。

登九华山天台

天台含旭日，石径挂云峰。鸟语游人下，泉流壑底松。

吴良善(1928—1987)

安徽庐江人。曾任芜湖市图书馆副馆长、文物商店副经理，芜湖诗词学会首届常务理事，《滴翠诗丛》副主编。

烟雨墩即景

镜湖春涨碧澄天，柳暗花明又一年。
丽日暖烘清昼永，好风时送市声喧。
喜无岚瘴侵襟袖，爱有书香入几筵。
烟雨琅琅同十载，生涯原不负诗缘。

【注】

我在烟雨墩图书馆和文物商店工作十年。

敬和春申诗社李梦寒、陈玉清、顾潜光《金焦纪胜》元玉三首

焦　山

嶙峋大块浩汤中，任是为焦亦自雄。
藓剥崖阴知瘗鹤，云蒸江浒见腾龙。
千秋高隐留芳节，一代诗豪印雪鸿。
雅兴华严开韵事，吟鞭指处气如虹。

金　山

江天古寺豁诗眸，金殿辉煌万象遒。
妙法莲华生铁瓮，香云宝盖罩瓜洲。
山横西北逶迤起，水入东南自在流。
绝巘凭栏风月好，雕龙绣虎看吴头。

北　固

登临北固望瓜洲，犹见茫茫古渡愁。
吴国君臣偏狭窄，宋家天子太风流。
三分作茧终成缚，一隅为安岂上游。
多少衰亡家国恨，尚沉折戟付吟呕。

胡新汉(1928—)

安徽铜陵人。芜湖市副食品公司离休干部。安徽太白楼诗词学会、芜湖诗词学会会员。

宜城忆

年来动辄梦菱湖，依旧莲荷胜画图。
最是迎江横塔影，水清时现浊时无。

乌江史事二首

一

帝业何尝不可期，倒行岂是好男儿！
咸阳一炬千秋恨，据楚分封败已知。

二

垓下别姬终可哀，八千西渡只身回。
君王纵有拔山力，骓不逝兮时不来。

章　治(1928—1999)

安徽桐城人。桐城诗词学会副会长，安庆诗词学会、安徽省硬笔书法家协会会员。

咏草书

狂来思泼墨，兴至即摊笺。扫石莓苔乱，临池荇藻牵。
笔锋随电闪，腕力逐风旋。脱颖横风雨，蛟龙欲上天。

荚业良(1928—)

安徽无为人。曾任芜湖市镜湖区医院副院长。安徽太白楼诗词学会、芜湖诗词学会会员。

老人节抒怀

壮心未已鬓先斑，犹爱诗书老不闲。
逆水行舟争一息，惊涛穿峡破重关。
寒凌丛菊花如锦，霜染林枫叶似丹。
晚景清和堪眷恋，含饴弄稚更开颜。

蔡厚示(1928—)

笔名艾特，江西南昌人。现为中国作家协会会员、中华诗词学会顾问、福建旅游学会名誉会长。著有《唐宋词鉴赏举隅》《双柳居诗词》《文艺学引论》《诗词拾翠》等。

次韵酬陈荣权先生《七十书怀》

霞窗诗唱几经秋？莽莽乾坤一望收。
起舞闻鸡夜方过，抖缰纵马愿先酬。
英才化育三千士，杰构联翩万里舟。
莫道而今年已老，屈陶相伴了无忧。

晨过淮西

初辞淮亳近卅春，昔日故人今古人。
博学工诗吴孟复，温文尔雅王达津。
知音友变忘情女，守土官成聚敛臣。
徙倚东风思浩荡，中郎无泪话酸辛。

口占续貂却寄刘征兄

居闲忧乐减，垂老故人亲。岂必联床语？诗飞梦比邻。

林从龙(1928—)

湖南宁乡人。历任河南省文史研究馆馆员，《中原文史》《中州诗词》主编，中华诗词学会顾问，中国杜甫研究会副会长等。著有《元好问和他的诗》《林从龙诗文集》《林从龙楹联选》等三十余种。

长沙谒贾谊宅

万里来寻贾傅祠，斜阳秋草动遐思。
汉宫上策图强日，湘水投书吊屈时。
辅国勋臣何跋扈，求贤明诏总犹疑。
可怜鹏赋[1]排忧累，磊落奇才未展眉。

浙江桐庐访严子陵钓台

一舸凌波照影寒，濯缨来拜子陵滩。
踢开利锁名缰累，千古高风一钓竿。

山海关

海岳雄奇接两间，苍茫浩气贯人寰。
神凝巨浪高千丈，足踏长城第一关。
燕塞湖飞双索道，秦皇岛泊五洲船。
古来生死交锋地，今日翻成画卷看。

望夫石

莫问崩城事有无，口碑载道胜丹书。
孟姜不是新潮女，倚石年年苦望夫。

读《散宜生诗》

嬉笑悲歌怒骂声，声声牵动世人情。
历经万劫千磨后，终有奇诗诉不平。

---

[1] 鹏赋：汉代文学家贾谊所作《鹏鸟赋》的省称。此赋借与鹏鸟(猫头鹰)问答抒发了自己忧愤不平的情绪，并以老庄的“齐生死、等祸福”的思想以自我解脱。

刘珍明(1928—2013)

安徽桐城人。曾任安徽商贸学院副教授，芜湖诗词学会常务理事、《滴翠诗丛》副主编。著有《野栗闲吟》。

沁园春·赠史咏梅女士

戊寅子月，史咏梅女士以其《咏梅吟草》见赠。赋此寄慨，并致谢忱。

细味人生，怅惘无名，处此实难。念东雄[1]共事，备尝苦辣；南冠压顶，饱历悲酸。辱赐鸿编，常温雅韵，白发骚坛幸结缘。姑张胆，论梅花品格，诗案全翻。　争知侬本堪怜，与桃杏同科也怕寒。问冰凝雪冻，几曾欢喜；风狂雨横，宁不凋残！律转阳回，晴光淑气，老树花开更好看。从今后，任畅怀高咏，春色无边。

读方竚学长《未藏真吟稿》

挥手龙门五十春，漫嗟回首已前尘。
当时数见非今雨，此日重逢即故人。
珠玉琳琅劳赠问，梦魂断续苦吟呻。
自怜何至痴如许，只为平生亦率真。

读南怀瑾《金刚经说什么》

佛法最平凡，就在人心里。一如我欲仁，则斯仁至矣。

[1] 东雄：刘东雄。生于1918年，安徽枞阳人。土匪起家，曾任国军抗日江防独立大队长。才貌出众的史咏梅中学即将毕业时被刘强抢为妻，育三子二女。新中国成立前夕刘逃往香港，史咏梅以“助夫潜逃”罪被判刑二十余年，年过半百才出狱。刘东雄在香港经营电影业有成，改革开放后，因统战需要史咏梅被选为枞阳县政协委员，1991年曾率子女去广东与刘相见。

修行先做人，佛儒同一理。多谢南先生，朝闻夕可死。

鲁修荣(1928—)

安徽无为人。中学教师退休。芜湖诗词学会会员。

闲　居

不知鬓发白，得失已忘怀。诗画从头学，梅兰信手栽。
庭前练太极，月下酌三杯。莫道蓬莱好，能闲福自来。

周玉禾(1928—2006)

安徽枞阳人。曾任芜湖市人大办公室副主任，芜湖诗词学会顾问。

秋日农村即事

仲秋时节访农家，勃勃生机乐事赊。
稻谷涌金仓廪足，豆瓜叠玉架棚斜。
高低萤火追新月，断续蝉琴奏晚霞。
最是中枢新政好，增收减负不虚夸。

舒天煌(1928—2014)

安徽黟县人。曾在芜湖市土地管理局工作。曾任芜湖诗词学会名誉理事、安徽太白楼诗词学会会员。

长相思·中秋寄怀台北亲友

盼中秋，恋中秋。岁岁中秋动别愁。相思到白头。　江水流，海水流。两岸乡亲泪共流。此情何日休。

卜算子·贺首次载人飞船发射成功

浩瀚驾“神舟”，华夏齐欢舞。梦想千年宇宙飞，今日谁能阻？　　十四绕环球，利伟蓝天度。举世同歌胜利归，史载游天路。

踏莎行·九莲塘公园

曲径环塘，翠园留步，千花百卉芬芳路。晨昏翁媪乐融融，桥栏水榭通幽处。　　画境澄湖，花香鸟语，双双情侣相倾诉。棋琴老少共嬉游，霓虹夜景行人驻。

万寿椿(1928—)

安徽泾县人。曾任芜湖市法律顾问处主任律师。芜湖诗词学会会员。

八十自唱

八十春秋几梦圆，笑谈往事乐余年。
闲看万里江流涌，倦入三间陋室眠。
荣辱还教归点墨，黑红俱已化清泉。
夕阳堪惜黄昏好，更爱朝阳每一天。

赵家怡(1928—)

四川江津人。著名诗人。西南大学汉语言文献研究所工作至退休。著有《南村诗词集》等。

贺张溶川双目重明即次原韵二首

一

诗翁得眼胜登仙，起舞为公一粲然。
烂熳笔花生腕底，明分烟树似英年。
山川景色留新赏，星月清辉共远天。
谁说人生无再度，目重光处镜重圆。

二

宏开寿域定无疑，明察秋毫自得骊。
目蕴神光能辨伪，语多妙悟出咸宜。
人生福泽非行险，科学昌明创迹奇。
多少心盲夸俊眼，昏昏何异失明儿。

何晓明(1928—)

安徽六安人。六安诗词学会理事。著有《诗词联漫话》《与竹居俚语》等。

代书寄远

万迭云山望未休，春风又绿柳枝头。
南来燕子无消息，夜静更阑月似钩。

瞻仰杜甫草堂

地僻城隅景色幽，浣花溪畔竹荫稠。
几间茅屋依原貌，多少朱门变古丘。
诗韵千秋传绝唱，衣冠万国仰风流。
当年若作高衙卧，未必声名播九州。

江兴皖(1928—)

安徽桐城人。毕生从事教育工作，中学一级教师。中华诗词学会、安徽太白楼诗词学会、芜湖等诗词学会会员，桐城诗词学会理事。著有《得闲斋诗词》《尺素稿》等。

题黄山迎客松

迎客居然有古松，人来无语枉相逢。
一株苍老寻常树，生在名山便不同。

吴忠为(1928—)

安徽繁昌人。曾在芜湖造船厂工作。芜湖诗词学会会员。

咏　雪

瑞兆丰年六出飞，因风柳絮湿沾衣。
银装万里楼台静，素裹千山草木肥。
梨树开花堪比美，蜡梅吐蕊更相宜。
寒冬易逝天轮换，九尽春来送爽时。

慈一之(1928—)

安徽枞阳人。曾任宣州地区党校副校长。芜湖诗词学会顾问。

丙寅中秋

八月中秋夜，银光着意舒。轻风穿户牖，爽气落庭除。

皎皎天边月，悠悠水畔庐。良宵留不住，痛饮竟何如！

菩萨蛮·褚山赏菊

金风送爽催黄菊，花枝百态颜如玉。把酒未持螯，何妨蟹价高。　　年年秋色好，人未东篱老。健步竞登山，笑谈红紫间。

减字木兰花·春事

冬君去了，岸柳园桃张口笑。细雨无声，润得江南一片春。　　弋江堤畔，竟舞银锄人互唤。植树栽花，好把春光驻万家。

汪　琼(1928—)

笔名征鸿，安徽肥西人。曾在县区乡金融、教育、交通等单位任职。雪花吟诗社、笔架山诗社、安徽太白楼诗词学会、中华诗词学会会员。著有《征鸿吟稿》。

怀乡吟

巴蜀云游不计程，他乡风月故乡情。
时时忆母谆谆语，夜夜闻妻悄悄声。
复杂人心知已晚，崎岖世道过方明。
夕阳休叹黄昏近，报晓金鸡游子惊。

晚年乐

养花能助全家乐，种菜常留四季青。
闲里光阴忙里度，老年岁月胜芳龄。

孟　超(1928—2007)

安徽寿县人。教授，离休干部。中华诗词学会会员。著有《青坪诗草》等。

谒黄兴拜将台

拜将台存草木青，将军义举振民魂。
千秋帝制烟云散，大地昭苏满目春。

黄家美(1928—)

安徽寿县人。离休干部。芜湖诗词学会会员，安徽太白楼诗词学会常务理事、顾问。

春节包机对飞两岸感赋

雄鸡晓唱满天红，万象更新冰雪融。
春节包机飞两岸，台澎游子早归宗。

吴纯一(1929—)

笔名振声，安徽枞阳人。毕生从教。著有《振声吟草》《联苑耕耘》等。

满江红·书怀

独倚栏干，思潮涌、千重万叠。追往昔、几多忧患，几多欢悦！十载芸窗游学海，卅年绛帐倾心血。堪笑我、壮志未能酬，何从说？　　年如水，头似雪。情未减，心犹热！秉毛锥歌赞，弄潮人物。学韵喜吟今与古，放怀惯赏花和月。莫辜负、万里晚霞红，书新页！

采桑子·宜城遇友

有朋来自潇湘地，皖水逢迎，畅叙离情，今古沧桑感废兴。　　无端往事成空梦，何计功名，把盏频倾，似听琵琶马上声。

浣溪沙·月夜思乡

玉兔东升挂绿杨，清光一片白如霜，教人怀想是家乡。
茅舍竹篱曾会友，小桥流水也飞觞，而今劳燕各他方。

初夏雨后

绿肥红瘦暖和天，最是城郊一抹鲜。
风荡杨花飞白絮，雨沾榆叶叠青钱。
挥镰刈麦新村外，撒网撑舟古渡边。
莫道渔樵无显贵，羡他终老饮清泉。

黄　玺(1929—)

安徽怀宁人。1949年参加工作，曾在桐城县政府、桐城市委工作。安徽太白楼诗词学会、芜湖诗词学会会员。

菩萨蛮·凌云阁

江城辉赫凌云阁，阿房再造相形拙。一步便登天，安居霄汉间。　　仙凡相与处，不便高声语。星月成近邻，银河闻浪声。

林善斯(1929—)

号海龙，安徽无为人。芜湖市文化局离休干部。安徽太白楼诗词学会、安徽省老年书画联谊会会员，芜湖诗词学会顾问，芜湖市中山书画社常务理事。著有《海龙诗词选》《林善斯诗文集》。

游鸡鸣寺

钟山莽莽紫云生，二月春风拂古城。
回首六朝金粉地，丹心白发听鸡鸣。

邹人煜(1929—2013)

女，笔名紫千、梅次，江苏阜宁人。曾任安徽省合肥市委宣传部副部长、安徽省诗词学会会长。著有《姜斋杂咏》《姜斋续咏》等。

重阳感怀三首

一

重阳岁岁喜相逢，诗友倾谈笑语中。
愿得方家关民瘼，不教风月失初衷。

二

媒体频频揭巨贪，一头露水胆生寒。
为何愈反贪愈巨？体制失衡是祸端。

三

少崇左道近于痴，下笔千言只赶时。
壮岁方从迷路返，春蚕老去吐心丝。

方松涛(1929—)

又名云谷，字旭恒，安徽望江人。曾任乡长、会计。中华诗词学会、芜湖诗词学会会员。著有《松涛吟草》《诗词联选》《涛声依旧》。

谒陈独秀先生墓

久仰先贤皖麓行，缅怀伟绩动衷情。
开天辟地擎旗手，启后争前有史评。
五执中枢功岂没，一生革命意真诚。
暮年更守忠贞志，青冢流芳独秀名。

咏　雪

一夜风声荡碧霄，漫空鳞甲乱飞飘。
群峰屹立戴绒帽，老树增肥似玉雕。
广阔田畴盈衽席，苍茫河汉泛银桥。
壮观当数骄阳出，姹紫嫣红胜画描。

金玉洁(1929—1996)

安徽枞阳人。曾随解放大军南下，在贵州省工作多年，后回安徽。芜湖市科技情报所调研员退休。芜湖诗词学会会员。

彝村即景

蔗叶层层黍叶青，阴阴神树晚风轻。
绣衣广袖彝家女，低对情郎笑语盈。

返皖后忆贵州

踏遍黔中忆旧踪，苍山凝碧绣旗红。
彝家木叶吹神树，苗寨笙歌唱晚风。
盘水东流舟似箭，乌蒙西望月如弓。
幽思一缕凭谁诉，况隔云山几万重。

萧锡昌(1929—2005)

安徽繁昌人。繁昌县委宣传部离休干部。芜湖诗词学会会员。

采桑子·峨溪二首

一

峨溪河畔春光好，绿水粼粼，燕语声声。杨柳依依着意青。　　无风波展琉璃镜，日照莹莹，渔棹轻轻。惊起沙禽掠岸鸣。

二

夏天避暑峨溪好，水送清凉，风送禾香。小憩林阴午梦长。　　芊芊堤畔青萍翠，菖蒲芬芳，鱼跃鹰翔。卧听溪声任徜徉。

吴季华(1929—)

安徽枞阳人。芜湖饭店离休干部。中华诗词学会、安徽太白楼诗词学会会员，芜湖诗词学会名誉会长。曾任芜湖诗词学会常务副会长，《滴翠诗丛》主编。

闲　趣

平居闹市久安贫，日戏莱衣复课孙。
僻院花开迎皎月，闲庭夜静足清吟。
读书始觉乾坤小，涉事方知世味辛。
陋室有铭堪养性，不知蝴蝶梦庄生。

咏梅女史惠赐佳章敬步原韵

奋蹄老马不须鞭，白首情牵翰墨缘。
绝响重歌尧舜世，华章喜颂婕妤篇。
骚坛滥竽惭吾拙，浮渡新声仰众贤。
夜雨枞川桑梓梦，好凭双鲤寄诗笺。

西部大开发

茫茫大漠沙尘地，土瘠民贫生计艰。
震荡雷霆苏沃野，尖新科技绿荒原。
渭河冰解千帆竞，秦岭云开百鸟喧。
漫道西疆边塞苦，春风春雨化无边。

躬逢无锡“太湖诗会”口占

桔绿橙黄秋正宜，梁溪碧水美如饴。
漫云此地今无锡，却有珠玑万斛诗。

游湛江地质公园——湖光岩

宇宙洪荒亿万年，桑田沧海几更颜。
神工鬼斧开生面，毓秀钟灵顺自然。
岩浴湖光呈幻境，园名地质溯渊源。
南游千里临佳境，逆旅人生感逝川。

潘仲鸣(1929—)

安徽枞阳人。退休前从事乡财政工作。芜湖诗词学会顾问。

参观潍坊市郑板桥陈列馆

难得糊涂惜庶民，清风正气绕潍城。
观诗怕读逃荒曲，赏竹如闻疾苦声。
不顾皇权悬赤胆，敢开国库济苍生。
若非如此罢官去，那有千秋史册名。

孙祥治(1929—)

安徽桐城人。退休前在桐城酒厂工作。芜湖诗词学会会员。

临江仙·后乐园宾馆

宾馆豪华名“后乐”，洞天福地常春。五陵佳客往来频。挥金如粪土，邀舞醉灵魂。　　耀眼招牌藏秘密，由来有例相循。小民竭力事耕耘。勤交捐外费，善养福中人。

西江月·无题和李革飞韵

沉醉温柔乡里，奔波名利场中。灵魂交易乐无穷，好个黄粱美梦。　　世事如棋碌碌，人间过客匆匆。莫言“一死总相同”，看我生前受用！

遣　兴

小楼一角远群居，恰似冰心在玉壶。

旧雨无踪新雨杳，人情冷漠道情孤。
行将就木休弹剑，岂敢临渊羡食鱼。
莫怪杜门身简出，偏多路障苦愁余。

李如庸(1929—2009)

河南伊川人。1945年参军，转业后曾任厂长、书记、芜湖房管局调研员。安徽省炳烛诗书画联谊会、敬亭山诗词学会、芜湖诗词学会会员。著有《老兵心画》。

五月农家

五月枇杷满树黄，黎明好趁一丝凉。
出门赶路奔晨市，午后禾干好打场。

故宫游

癸未金秋游故宫，辉煌建筑九州雄。
明清多少兴衰事，尽在红墙禁地中。

隋家驷(1929—2014)

安徽定远人。曾任宣城地区糖烟酒公司经济师。芜湖诗词学会会员。著有《自怡诗文集》。

浣溪沙·金婚

携手同心老更亲，婚龄半纪白头人。相濡以沫敬如宾。　昔日杏坛情似火，今朝退协乐长春。老依社保不忧贫。

鹧鸪天·曲阜谒孔庙

历史悠悠曲阜城，民风质朴地幽清。神州祭孔尊师处，庙宇杏坛集大成。　　惊浩劫，叹悲声。无端批孔出何名？今朝莫问当年事，古柏苍松照眼明。

游镜湖三岛

粼粼碧水镜光开，三岛玲珑诱客来。
烟雨楼台人语细，柳春舫坞桨声谐。
湖心亭耸流云绕，岸畔艇飞激浪回。
乘兴一游生野趣，何须访岳觅蓬莱。

张英华(1929—)

安徽宿松人。退休前在内蒙古住房和城乡建设厅工作。芜湖诗词学会会员。

支边五十周年

两鬓秋霜近八旬，回看往事记犹新。
江南负笈三千日，漠北支边五十春。
寒士不才逢盛世，衰翁有幸乐天伦。
东隅已逝桑榆晚，为国争光赖后人。

高绪应(1929—)

安徽无为人。退休前在安徽省南陵县农业局工作。

咏风筝

摇摇摆摆上青天，得意全凭一线牵。
失势低头栽下地，粉身碎骨有谁怜。

曾心安(1929—)

湖南湘乡人。中国农业银行安化县支行退休。中华诗词学会、湖南省诗词协会会员。著有《卒庵诗词稿》。

乡居杂咏二首

一

寂寂幽居车马稀，一湾碧水绕柴扉。
室无长物残书在，居有清芬老树围。
三万里河终古壮，五千年史半堪疑。
遏来不作非非想，静看白云岭上飞。

二

流光似水岁华骎，老去情怀寄苦吟。
愿守清贫终白屋，不随豪腕逐黄金。
诗难媚俗交游少，人为悲秋感慨深。
莫道此生多寂寞，相期异代有知音。

刘芹生(1929—)

安徽安庆人。芜湖市中医医院离休干部。芜湖诗词学会会员。

镜湖步月桥

玉砌雕栏曲似弓，一桥横跨两湖通。

乍看疑是上弦月，半入清波半露容。

黄定民(1929—2007)

安徽繁昌人。曾任繁昌县委党史办公室副主任。芜湖诗词学会会员。

咏君子兰

身寄江湾一阁庄，端容雅态世留芳。
对舒剑叶衔春色，并着葶花领国香。
带绿皆因持气节，淡妆缘自远蜂狂。
怡情君子耽吟咏，风雅从来不羡王。

吴　菁(1929—)

安徽定远人。芜湖师范学校高级教师离休。中华诗词学会、芜湖诗词学会会员。著有《成语诠释》《对联新编》及《金秋晚唱》(诗集)。

绿幺遍·电视剧《袁崇焕》观后

史事更重翻，令人心胆寒。分明忠直，硬说奸顽；信是干城，毁之一旦。勤王矢志何所得？可叹！青史犹留血泪斑。

行香子·芜湖美食街

车拥灯明，街洁楼新。清平乐，招揽佳宾。新朋初会，旧雨重临。有满席菜，满壶酒，满腔情。　彩路晶莹，仕女如云。老招牌，溢誉流芬。四时茶点，八大馐珍。任朝来品，午来食，晚来斟。

忆秦娥·乐

疏雨歇，南窗日映诗书页。诗书页，意容春水，韵含秋月。　　积善堂下须眉白，兰笺尚染陈年墨。陈年墨，毫端醉饱，妙凝丝帛。

潘恒龄(1929—)

安徽繁昌人。曾任中学教师、校长，繁昌诗词学会副会长兼秘书长，安徽太白楼诗词学会、中华诗词学会会员，芜湖诗词学会顾问。

八五述怀

已届残年趣未残，诗文书画爱常看。
不求甚解观时局，只供休闲赏大千。
苦难饱经身尚健，艰辛屡历志无迁。
何须临镜观鬓白，喜咏晚霞红满天。

有感打假

年年打假绩辉煌，假货殃民仍逞狂。
不倒遮天保护伞，打它百载也空忙。

登黄山莲花峰

攀缘陡径上悬崖，越是悬崖景越佳。
滚滚波涛云海里，居然峰顶绽“莲花”。

利　民(1929—)

安徽无为人。1948年参加革命，曾任皖南医学院保卫处长等职。芜湖诗词学会会员。

满江红·纪念红军长征胜利五十周年

万马千军，征程远，齐心腾越。风雨骤，山横水阻，粮断路绝。烽火连天泅赤水，雄狮铁骨吞山雪。排万难勇战胜凶魔，歌陕北。　驱日寇，歼顽敌，看禹甸，旌旗赤。我中华崛起，环球震慑。斩棘披荆筹远计，开来继往承先哲，喜今朝、举国纪长征，精神发。

方　竚(1930—)

原名方望松，号贻灿，笔名许问天，安徽桐城人。曾先后在新闻、民政、交通部门工作，1991年离休。中华诗词学会、安徽省诗词学会会员。曾任芜湖诗词学会常务理事兼《滴翠诗丛》副主编，学会名誉会长。著有诗集《未藏真吟稿》。

咏史二首

一

乌江流水咽余哀，力拔山兮岂霸才。
一死何堪酬父老，八千子弟未归来。

二

开封府尹骨铮铮，铁面生霜冷若冰。
三铡刑施龙虎狗，头颅贵贱太分明。

游寒山寺

潮落枫桥瘦，西风古寺秋。诗寻碑外字，僧立殿前鸠。
和合端容坐，康乾驻跸游。帝威加佛力，二竖困神州。

岳阳楼

久慕高名上此楼，披襟一拥洞庭秋。
杜陵吟罢天垂泪，范相文成石点头。
名利恐销龙虎气，烟波难洗古今愁。
先忧后乐谁堪继，歌舞神州迄未休。

咏　菊

误嫁东风叹李桃，洛阳富贵亦萧条。
秋林如火枫沉醉，玉露凝霜菊绽苞。
一掬寒英餐屈子，三千金甲壮黄巢。
东篱有幸逢知己，五柳先生不折腰。

张家斌(1930—)

安徽芜湖人。曾任芜湖县人大副主任、芜湖县诗书画学会会长、芜湖诗词学会顾问。

柳老情深

儿时就读大闸小学，堤边插柳，后投笔从戎，转眼四十年矣，闸边柳老，情何以堪。

四十年前此地游，堤边插柳首经秋。
如今憔悴冰霜里，尔失青青我白头。

早春行

无声细雨洒千家，残雪消融润物华。
芳草亦知春意早，争铺嫩绿到天涯。

舟行即景

四月江南雨乍晴，白云绿水一舟轻。
菜花两岸香千里，人在垂杨荫里行。

李杰如(1930—)

安徽和县人。安徽太白楼诗词学会、芜湖诗词学会会员。

蝶恋花·约聚

卌载庐州相聚约，人世沧桑，执手惊霜雪。酒遇故人情更切，随心话落西楼月。　　细柳当年军似铁，我去君留，书剑云泥别。鸿鹄昔曾轻燕雀，而今空负青春血。

谌昌寿(1930—)

安徽无为人。曾任无为县航运公司会计。芜湖诗词学会、无为县诗词学会会员。

重登板子矶

一

曾记当年春水生，雄师百万起雷霆。
千帆借助东风力，直捣黄龙马不停。

二

拆戟沉沙不可寻，黄公阁上弹留痕。
骤听浪拍岩头石，疑是健儿嘶杀声。

翟　宽(1930—)

安徽无为人。1949年参军随刘邓大军入川，后转业到四川省珙县工作，芜湖新芜区干部离休。芜湖诗词学会会员。

书成自售有感

为成巨帙似颠狂，灯火三更奋笔忙。
谁料书成情更苦，老来学做卖书郎。

仇幼鹤(1930—)

安徽无为人。安徽师范大学中文系副教授。芜湖诗词学会会员。著有《明碧轩吟稿》。

霸王祠碑廊

一从司马属文章，千古纷然说项王。
成败兴亡无足论，题辞刻石播清芳。

欧游杂咏二首

车行米兰至瑞士英特拉肯途中

翡翠围屏一水蓝，山间风物绝人寰。
车行千嶂明湖畔，留得空余见雪山。

于英特拉肯望雪山少女峰

碧草如茵一望中，郁金香里醉春风。
青山开处珠帘启，犹见晶莹少女容。

周孝杰(1930—2016)

安徽合肥人。合肥市第一中学退休教师。曾为中华诗词学会、安徽省诗词学会会员，安徽省炳烛诗书画联谊会常务理事，《庐州诗苑》副主编。著有《飘蓬集》等。

渔家傲·春思

红瘦绿肥梅似豆，乱飞紫燕春波皱。拂水飘绵风戏柳，春如旧，白云一霎成苍狗。　　圆缺阴晴寻常有，自珍敝帚秋风后。不必痴情诗共酒，漫回首，坦然一笑心无垢。

采桑子·与友人游巢湖晚归

烟云散尽天如洗，如黛春山。似碧微澜，更有清辉月半弯。　　轻舟侧畔苇墙动，游兴悠然。击节歌繁，惊起沙鸥绕浅滩。

采石矶怀李白

松柏情操诤谏姿，漫将得失忆当时。
翰林若得登台阁，可有流芳一卷诗？

金道信(1930—)

安徽桐城人。曾任中共宣城地委组织部科长。中华诗词学会、安徽省诗词学会、芜湖诗词学会会员、敬亭山诗词学会理事。著有《窗前吟稿》。

临江仙·瞻张孝祥塑像二首

一

半壁河山沦敌土，徽钦囚掳辽城。临安歌舞醉升平。中原人泣血，谁主抗金兵？　为岳鸣冤张正义，枉遭诬父清名。仰天长叹愤难平。心凝家国泪，归隐慕渊明。

二

钟爱鸠兹山水秀，留连赭岭云轻。捐田献地造湖亭。堤边观柳色，水上赏荷菱。　烟雨墩前莺细语，归来堂上悠情。高朋时把一樽倾。千年留胜迹，今日水清清。

李乐平(1930—)

安徽桐城人。退休前在芜湖市公安局工作。芜湖诗词学会会员。

十六字令·观潮

潮。万里长江白浪高。东流急，谁可挽狂涛。

春游保兴埠公园

龙须沟水臭冲天，疏浚工人汗似泉。
两岸桃花红灼灼，喜看旧貌换新颜。

陈焕章(1930—)

河南通许人。芜湖市电信分公司科长离休。安徽太白楼诗词学会、芜湖诗词学会会员。著有《庭际诗草》。

品　茶

谷雨毛峰嫩绿尖，清泉乳雪绕云烟。
静心细细评真味，品尽人生苦与甜。

赵慧娴(1930—2010)

女，上海嘉定人。退休前在芜湖市江南汽车厂工作。芜湖诗词学会会员。

纪念华东军大校庆五十五周年忆开学典礼

开国春风迎校诞，青年数万聚操场。
行行队列英姿爽，猎猎红旗绚丽扬。
学子歌声心振奋，将军言训气轩昂。
从戎自是胸怀阔，誓为人民献热光。

赵云亭(1930—)

安徽当涂人。芜湖市第十二中学退休教师。芜湖诗词学会会员。著有诗集《心迹》。

夜来香

淡影疏枝月下娇，亭亭玉立伴良宵。

平生不与春花斗，缕缕清香夏夜飘。

张义和(1930—)

湖北武汉人。外交部退休干部。中华诗词学会会员、《诗刊》子曰诗社社员、外交部老外交官诗社社员。

留别渥太华

长留北美送华年，山水岁时真乐源。
万里白云昭丽日，千程红叶醉游仙。
香花夹道三春景，瑞雪盈枝九月天。
烟树鸟鸣环府宅，崇仁博爱满人间。

【注】

渥太华是三条河流经市区的花园城市，环境幽美，枫叶和雪花更是天下闻名。

徐定三(1930—)

安徽肥西人。从事教育工作三十余年。中华诗词学会、江南诗词学会、安徽省诗词学会会员，雪花吟社理事。著有诗词集《山南吟草》，合著有《雪花八友吟选》。

读《张恺帆诗选》缅怀张老

龙华碧血狱中囚，功布江淮誉未休。
“七字”冤情四年恨，“三还”良策万家讴。
不随风向羞趋骛，敢吐真言揭隐忧。
无畏无私遗爱在，为民寸土寸金留。

【注】

“七字”，指“反党反社会主义”。“三还”，指“吃饭还原，房屋还原，自留地还原”。张老“病榻寄语”，有“寸土寸金宜爱惜，丧仪概免不堆坟”句。

春　郊

闲卧东斋久，春郊览胜容。风吹杨柳绿，雨润杜鹃红。
百鸟鸣声脆，千山泼黛浓。晴岚起幽壑，溪水正淙淙。

夏俊云(1930—2004)

安徽庐江人。曾任庐江县政府办公室主任。中华诗词学会、中国楹联学会会员，庐江县诗词楹联学会副会长兼秘书长、《庐江诗词》编委会副主任。著有《心灵录存稿》。

欢呼北京申奥成功

萨翁喜报石惊天，彻夜狂欢奥梦圆。
世纪坛前歌舞震，天安门上彩灯连。
百年三问[1]交金卷，十载双申[2]摘桂冠。
历史丰碑光日月，中华儿女气昂然。

老　趣

妻爱栽花我爱诗，阳台添景笔添姿。
嫣红姹紫春无限，细赏轻吟乐盛时。

[1] 百年三问：1908年，天津的南开学校有人提出了“奥运三问”，并将此“三问”刊登在《天津青年》上：中国何时能派一个选手参加奥运会？中国何时能派一支队伍参加奥运会？中国何时能够举办奥运会？

[2] 十载双申：指中国申办奥运会和申请加入世界贸易组织。

张海鹏(1931—2000)

安徽枞阳人。著名明清史研究专家，徽学研究专家。曾任安徽师范大学校长，芜湖诗词学会副会长、会长。

赠市村金次郎教授

乙丑秋，日本高知女子大学市村金次郎教授应邀来安徽师范大学主讲日语班课。几月来，市村先生勤于讲学，善于诱导，深得受业者敬佩，日前至寓所拜望，归成一律以赠。

菊花时节莅江城，弹指惊闻腊鼓声。
万里风尘来远客，一衣带水系深情。
经筵膏雨滋新秀，道德文章启后生。
料得灞桥难送别，笑谈不敢问归程。

王亚普(1931—2004)

安徽宿松人。曾任枞阳县文明办主任。

湖上饯别

平湖饯别正清秋，握手扬帆在渡头。
一曲骊歌千滴泪，满湖秋色满湖愁。

随　兴

堤外乡村景物华，草塘水满乱鸣蛙。
绿杨深处红楼立，尽是寻常百姓家。

谒岳武穆坟

古柏青松笼岳坟，黄鹂隔叶叫声声。
英灵平反终何用，长使游人恨不平。

丁梅村(1931—2005)

安徽宣城人。曾为《敬亭山诗词》副主编，中华诗词学会、安徽太白楼诗词学会会员。著有《敬亭山吟稿》。

清平调·小院春咏二首

一

院中花木各成材，半是自生半是栽。
可笑园丁偏自负，欲将人艺夺天才。

二

独怜幽草靠墙生，满院生机满院春。
千里归来颇不寂，无言却比有言亲。

李革飞(1931—2008)

安徽桐城人。曾任桐城县教委教研室主任，桐城诗词学会秘书长，芜湖诗词学会会员。

皖南行

油菜千阡尽着花，春风先我到天涯。
一溪绕郭鹅群满，半径环村竹影遮。
岭上行车鸣笛远，岗头扬水激流斜。
桃红柳翠峰如黛，身在江南不忆家。

辛未元日寻梅

寻梅踏雪步城西，几处寒鸦缓缓啼。
卧日老牛闲嚼草，逗人小犬乱追鸡。
新楼临水连亭阁，旧圃依山种枣梨。
皓首老翁欢曝背，疏篱红萼望中迷。

江城子·喜春游

一篙春水荡轻舟。柳丝柔、鸟声幽。湖光山色，任我自优游。万顷波涛鱼最乐，从不怕，网来收。　晚来新月小如钩。树梢头，浪中浮，也将心事，一股脑儿丢。归去老身欣有托，书室里，作诗囚！

天仙子·吾庐颂

吾爱吾庐深寄慨，曲巷闲庭车马隘。廿年树木长成林，青如盖，花如海，明月清风时我待！　六尺小门无气派，碧草香花当粉黛。老来得趣欲狂吟，蜂语爱，蝶舞态，卧听莺啼闲自在！

金缕曲·吟老

白首掀须笑，笑群芳、多情解语，了无烦恼。花也如人年少日，不识风霜易到。能几日、教人倾倒？秉烛夜游欢未倦，料落红纷散愁将晓！歌一曲，自娱老。　人生如愿能多少？一重山、一重烟水，一重衰草。千古大名垂宇宙，冷落空山荒庙。狐兔走、风吹月照。着甚来由愁自缚？着甚看人眼头眉杪？天不语，海常啸！

刘逸非(1931—2013)

原名刘家琨，安徽肥西人。曾任肥西县三河医院中医科主任。中华诗词学会、安徽诗词学会会员，雪花吟社副主编。著有《寄庐吟选》《逸非作品选》《长筝短笛》《又寄庐醉墨》等。

咏野花二首

一

岂羡君王带笑看，马嵬空惹泪阑干。
姚黄魏紫原多事，照水临风未觉寒。
蜂蝶不来恩怨少，雪霜已惯萎枯难。
纵然冷落芳园外，识透炎凉转自安。

二

根植青山绿水乡，漫因践踏怨牛羊。
编冠喜助顽儿乐，插鬓欣添村女妆。
叶碎枝残根尚健，霜欺雪压土犹香。
娇柔桃李今何在？怎及侬家乐趣长。

方逸民(1931—)

原名方云山，安徽歙县人。芜湖市公安局离休干部，曾为枞阳诗词学会、敬亭山诗词学会、安徽太白楼诗词学会会员，安徽省炳烛诗书画联谊会理事，芜湖诗词学会顾问，《滴翠诗丛》编委。著有《云山吟草》。

赞西部大开发

春风劲度玉门关，喜看荒原展丽颜。

林木荫成戈壁翠，机车唱就草滩欢。
油田井竖擎天柱，管道横铺绕地环。
欧亚桥联丝路美，开屏金凤倍斑斓。

西江月·赭山顶上看江城

北望江淮沃野，南连吴越丰饶。天门劲鼓皖江潮，远去烟波浩渺。　卧水长桥竞秀，摩云大厦争高。湖光山色共妖娆，锦梦鸿图更俏！

水调歌头·新世纪放歌

昂首迎新纪，放眼看神州。江山如此多丽，处处展宏猷。四海三江波漾，万里长城游蟒，气势领全球。建设潮流涌，捷报比星稠。　开放路，改革步，不停留。振兴科教，尖端科技上层楼。扬我中华优势，集我炎黄才智，百业握先筹。天际飞船绕，最美是“神舟”！

听鸟有感

稻穗低头麦穗昂，花开各自竞华妆。
鸟啼也具千重调，岂可人求歌一腔？

金德方(1931—)

安徽巢湖人。1948年参加革命，曾在芜湖市公安局和教育部门工作。后创办芜湖杨家门医院，任董事长兼院长。现为芜湖诗词学会顾问。

感　怀

欲圆旧梦下江南，数十年来未得闲。

风雨人生多少路，我凭双拐走千山。

赠方少祥同志二首

一

风雨当年在庙岗，先生待我义深长。
身临劫难志常在，笑对今朝醉夕阳。

二

奔波创业在他乡，每念君恩未敢忘。
白发相逢如梦寐，举杯犹似少年狂。

感　怀

风华正茂挎双枪[①]，锦绣前程未可量。
霹雳晴空缘海外[②]，莫须有罪遣家乡。
雪中送炭妻儿暖[③]，枯木逢春禹甸香。
何必千金酬漂母，高山流水万年长。

【注】

①1949年曾任芜湖市公安局侦察组长。

②1950年审干曾因表兄在台湾而被开除公职。

③当地某领导知我无辜，对我及全家生活特别关照。

施镜澄(1931—)

笔名滴水，安徽繁昌人。曾任繁昌县第三中学校长。繁昌县诗词学会常务理事、《繁昌诗词》编辑、繁昌老年大学《晚霞诗刊》副主编。中华诗词学会、安徽太白楼诗词学会会员，芜湖诗词学会顾问。著有《石渠吟》。

新淮中学八〇届高中毕业同学联谊会影集观感

相见时难别亦难，珍藏影集喜相看。
虚心劲节形如竹，雅意流香品若兰。
四海五湖开画卷，千山万水入诗篇。
手机互动抒情曲，微博对聊天地宽。

西江月·重九登山

山上彩旗招展，山前翁媪从容。鸣枪一响震长空，人似钱塘潮涌。　　黄菊凌霜愈艳，丹枫映日尤红。攀登大步逐秋风，绝顶欢声雷动。

观丫山牡丹

牡丹花海凝春露，魏紫姚黄艳色浓。
玉蝶寻芳飞上下，金蜂采蜜舞西东。
岂因受贬消神采，且为抒怀展笑容。
历尽风波扬浩气，天香飘入广寒宫。

人生感悟

人生道路似登山，坎坷崎岖岂畏难。
历尽艰辛临绝顶，环看碧野透晴岚。

丁定中(1931—)

安徽南陵人。长期从事教育工作，曾任南陵师范附小校长、县文教局人秘股长、县党史办秘书等职。中华诗词学会会员，安徽省炳烛诗书画联谊会理事，芜湖诗词学会顾问。著有《南窗诗集》。

壬午春游陈村水库

涓流飞瀑下群山，一片空蒙春尚寒。
千里长渠滋大野，百寻高坝锁狂澜。
蓄洪关闸凝苍玉，抗旱开门泻素湍。
浩瀚甘泉天上降，随从人愿布尘寰。

金婚吟

五十年来志不移，风霜雨雪惯经之。
情深意笃结良眷，花好月圆共赋诗。
厨艺求精三膳美，骚坛追雅两心知。
升平岁月陶然过，更待庚年钻石期。

田家作客

袅袅炊烟三五家，晨听鸟语夜听蛙。
晚来常对杯中酒，早起兴观园内花。
静坐柳荫寻妙句，闲蹲池畔钓鱼虾。
一天惬意如春梦，落日余晖焕彩霞。

从习根(1931—)

安徽繁昌人。中华诗词学会、安徽太白楼诗词学会、芜湖诗词学会会员，中国楹联学会会员，《繁昌楹联集》《晚霞诗刊》编委。

学习习总书记文艺座谈会上讲话精神感赋

盛会宏开万马奔，群贤纵论奏清音。
笔书中国文明史，歌献人民画卷春。
讲话精神辉艺苑，弄潮儿女著华文。

植根沃土百花艳，放眼鹏程景色新。

梅占魁(1931—)

安徽合肥人。曾任安徽省肥西县总工会职工教员、干事、部长等职。肥西县诗词学会理事，芜湖诗词学会会员。

重阳节登高有感

秋高气爽度重阳，登上山巅兴味长。
地迥天高舒望眼，峰回路转沐霞光。
常居闹市嚣尘染，小憩林荫幽境香。
野岭风光无限美，啸歌响彻白云乡。

朱启辉(1931—2010)

江苏扬州人。芜湖钢铁厂离休干部。芜湖诗词学会会员。

江　浪

一生矢志背朝西，千百洄澜头不低。
浩淼奔腾天际去，淘沙推起护花泥。

夜　读

千门万户楼头月，陋室寒窗独有光。
走笔浑忘鬓已白，怡情自是墨生香。

鹊桥仙·抒怀

半如书蠹，半如钓叟，客寓棠梅村口。生来禀性自疏狂，又岂愿藏污纳垢。　　归休恨早，读书恨少，名利自甘落后。粗茶淡饭总怡然，放不下一杯浊酒。

孔繁云(1931—)

安徽肥东人。安徽太白楼诗词学会、芜湖诗词学会会员，宣城诗词学会理事，安徽省炳烛诗书画联谊会常务理事。著有《雨霁天开吟草》诗词集。

浣溪沙·暮年乐

卸职归来解百忧，茅棚拆了住高楼。丰衣足食度春秋。　　俸禄年年增不减，常怀雨露付吟讴。先忧后乐系心头。

鹧鸪天·平反三十周年

少小从戎报国忧，韶华时代遇风云。青春无价堪回首，“冤”字澄清入暮春。　　平反后，一身轻，无求奉献度清贫。以诗为伴无穷乐，几度莺迁几扎根。

林永生(1931—)

安徽桐城人。曾在芜湖市委统战部、芜湖市交通局工作，离休干部。敬亭山诗词学会会员，芜湖诗词学会理事。著有《双溪吟稿》。

浪淘沙·赞芜湖新貌

千载话鸠兹，岁月推移。如今开放展雄姿，商品万千长集散，中外咸知。　　市宇峙江陂，楼耸天低。一桥飞架马龙驰，壮志凌云儿女意，今日扬眉。

欢　聚

风和日丽百花妍，叔侄重逢乡梓园。
互祝平安情切切，追思往事意绵绵。
十年浩劫如烟灭，晚景清和比蜜甜。
老骥犹怀千里志，奋蹄自不待扬鞭。

赠芜湖市交广台资深主持人张扬同志

广播喉舌不含糊，勇为元元鼓与呼。
排难解纷无巨细，压邪扶正辨贤愚。
声传美政全民福，胸有良谋四库书。
携手江城三百万，放飞梦想乐何如。

庞自雄(1931—)

安徽郎溪人。曾任宣城地委党校副教授。中华诗词学会会员，安徽省诗词学会名誉理事，芜湖诗词学会会员。著有《寒楼文集》《寒楼吟草》等。

贺《云岭春秋》创刊

霞披俊彩岭云幽，往事峥嵘翠黛浮。
雨雪曾迷戎马路，星辰犹记豆萁愁。
江南一叶垂青史，石上层苔净浊流。
昔日烽烟应不忘，好挥直笔写春秋。

蝶恋花·寄友

已到重阳秋正好。独上崇楼，南望秋云绕。此刻平台花逗鸟，茱萸插遍嗟人少！　　相隔非遥岚霭罩。剪烛何时，空待西窗晓。一样清辉南北照，离愁无赖催人老！

渡江云·张恺帆百年诞辰祭

皖人思恺老，未分旦暮，十有七春秋。记当年叱咤，铁马金戈，赤胆为民筹。横眉匪寇，亦无畏、箍咒当头。亲者痛、磨穿牢底，只令快仇雠。　　悠悠。风云直对，“左”右厮拼，舞吟鞭怒吼。潇洒度、江淮浪急，山海烟稠。临终病榻犹叮嘱：惜寸土，毋垒坟丘。当记取、如斯为后人谋！

洱海游

盈盈洱海映苍山，巨舸乘风白浪翻。
游目骋怀心欲醉，凭栏昂首梦尤甜。
高原倚势留深水，沃野抒怀享净源。
漫舞群鸥嬉戏逐，人禽共乐在云南。

尚荣光(1931—)

安徽太和人。曾任太和县友声吟社社长、《友声》诗刊主编。著有《颍庐吟稿》。

浪淘沙·登板子矶

足下卷狂澜，浮想联翩。雄师百万大江边。一棹先登千棹继，地覆天翻。　　极目认江山，旧貌新颜。巨轮争驶异当年。不异当年风浪恶，载复依然。

秋望二首

一

岁月匆匆似电驰，峥嵘又过五年期。
工农基奠天堂路，贸易花开海外枝。
万里豪情欣此日，千秋大业遇明时。
如今跃马昆仑上，永忆当初设计师。

二

小康路上有高低，走马观花眼易迷。
欲速民康须吏洁，从来国治在家齐。
阴云四合多成雨，蚁穴一深防溃堤。
莫以巧言为政绩，但看桃李下成蹊。

钱济群(1931—)

号茶香斋主人，安徽繁昌人。退休前在繁昌县粮食局工作。繁昌诗词学会理事，中华诗词学会、安徽太白楼诗词学会、芜湖诗词学会会员。著有《茶香斋吟稿》。

咏　梅

玉骨冰肌体势昂，清廉孤傲志坚强。
懒和蜂蝶谈交易，爱与春风话短长。
久历烟尘身未染，常遭雨雪质尤刚。
洁来洁去存高格，碾压成灰德尚香。

八秩述怀

杖朝当代未为稀，羸叟休怀壮志时。
棋罢灵来常泼墨，酒酣兴至好吟诗。

囊无佳什酬今雨，壶有冰心答故知。
面上微尘勤拂拭，桑榆更得惜容姿。

王国祥(1931—)

安徽枞阳人。退休前在枞阳县党政机关工作。枞阳诗词学会副会长兼秘书长，中华诗词学会、安徽省炳烛诗书画联谊会、安庆诗词学会会员，芜湖诗词学会理事。著有《月湖轩吟草》。

春　望

枞川今胜昔，盛世出英才。拍案呼风起，登楼揽月来。
良宵添雅兴，淑气入幽斋。春日湖山丽，豪情诗满怀。

江城子·怀友

悠悠往事细思量，读华章，总情伤。漫步江城，千载也难忘。犹记长街三九夜，多少事，话衷肠。　振风塔上望家乡，蜡梅香，乐未央。瑞雪漫飞，遥看远帆扬。今夜梦中人不是，肠断处，板桥霜。

姚垂云(1931—)

安徽枞阳人。曾任枞阳县物资局会计师。芜湖诗词学会会员。

休　居

归休不觉几经秋，处处时时春意柔。
满架诗书堪奋读，小园花卉足悠游。
问安亲友恩情笃，绕膝儿孙乐趣稠。

夫妇齐眉尤可喜，丰衣足食复何求？

陈孝中(1931—)

安徽石台人。曾任芜湖市供销社农贸中心科长、经济师。芜湖诗词学会会员。

上老年大学有感二首

一

花甲之年上学堂，良师益友共寒窗。
精神有寄心宽敞，无限风光伴夕阳。

二

霜鬓萧疏岁月催，翻然愁绪锁双眉。
壮心未已空忧国，泪墨浑成一首诗。

凤水清(1931—)

女，安徽泾县人。曾任芜湖公安局水上分局政治处、芜湖市公安局、芜湖市马塘区委组织部干部。芜湖诗词学会会员。

晚　晴

夕阳雨后菊芬芳，自有闲情觅诗忙。
莫谓秋风凋碧树，人生自是晚来香。

刘永仲(1931—)

安徽肥东人。1957年安徽师范学院毕业，先后任中学教师、副校长、校长、党支部书记。芜湖诗词学会会员。著有《永春曲吟集》等多部诗集。

蝶恋花·总难忘

四十余年难见面，千里之遥，总是常思念。怕看春来梁上燕，相亲相爱多如愿。　　何故情丝如断线？天地苍茫，刹那风云变①。从此音书无纸片，登高空望南飞雁。

【注】

①风云变：指“文化大革命”爆发。

刘广裕(1931—)

安徽宿州人。中华诗词学会会员，安徽省炳烛诗书画联谊会理事，《江淮诗苑》编委。

逢故人

同窗共砚记犹新，劳燕分飞数十春。
今日重逢浑若梦，白头人看白头人。

徐折桂(1931—)

安徽枞阳人。中学教师退休。桐城诗词学会理事，安徽太白楼诗词学会、芜湖诗词学会会员。

双目复明

眼障已全除，双星照九衢。骋怀天地景，畅读古今书。
科教兴华夏，医疗健病夫。前程无限好，骥老壮心舒。

包省三(1931—)

江苏南通人。退休前在宣城市海事局工作，会计师。安徽省老年书画联谊会会员，安徽太白楼诗词学会、敬亭山诗词学会、芜湖诗词学会会员。著有《三星堂吟草》。

蝈　蝈

一笼蝈蝈挂书房，静谧书斋情趣长。
日夜欢歌声不歇，犹如对语颂华章。

汪行恕(1931—)

安徽南陵人。南陵县委统战部巡视员。芜湖诗词学会会员。

采桑子·中秋“三胞”茶话会

“三胞”[1]雅会中秋节。月满高楼，情满高楼，富国安邦共议谋。　　金瓯璧合时宜早，千种缘由，万种缘由，莫教离人白了头。

【注】

①“三胞”：指台湾、香港、澳门同胞。

浣溪沙

《新安晚报》报道安徽大学教授何家庆捐出十万奖金，安徽省妇联设何家庆春蕾奖学金。

万里山川独自奔，扶贫不用费公银，春蕾奖学见精神。　　后乐先忧关国运，心劳力瘁为人民，胸中自有不凋春。

曹天章(1931—2009)

安徽合肥人。曾任芜湖市鸠江区小学教师。芜湖诗词学会会员。

登金陵大酒楼

又向东南作胜游，木犀香里一登楼。
惊涛卷雪长江水，玉树庭花古帝州。
六代豪华金粉丽，三山灵秀石城秋。
何人借得云林笔，出手丹青美尽收。

潘礼惠(1931—)

安徽繁昌人。曾任小学教导主任，中学教师。芜湖诗词学会会员。

雨中过农家

松衫深处一田家，圆井方塘接稻麻。
屏息寻声唯竹韵，举头极目尽山花。
开樽野蔌尝陈酒，漫话丰年品瘦茶。
桂子香传篱下约，霏霏归路晚风斜。

感　怀

冬去春来似水流，两朝风物事悠悠。
长桥卧水堪垂钓，抱阙清波任放舟。
铁路蜿蜒横旧郭，梧桐青翠上新楼。
故乡非故人难老，春谷长存爱晚秋。

翟大松(1932—)

安徽芜湖县人。1952年参加工作，曾在乡镇和县法院工作。安徽太白楼诗词学会、芜湖诗词学会、芜湖县诗书画学会会员。著有诗集《迟暮吟》。

望东湖

书斋久坐望晴空，漫步东湖好放松。
白玉观音凌古寺，楚风宝塔镇蟠龙。
石山寒壁云天外，玉带飞虹烟雨中。
水色岚光争似画，不分春夏与秋冬。

秋日登高

年老身犹健，秋来爱看山。枫林红似火，库水碧如蓝。
野菊香兼淡，霜松挺且坚。人生常苦短，难得几时闲。

杨贤彬(1932—)

安徽当涂人。1954年北京农业大学本科毕业。安徽师范大学生命科学学院副教授。芜湖诗词学会会员。著有《老圃文存》。

临江仙·芜湖一中老校友聚会

记得赭山春烂漫，满堂多是豪英。书生报国气填膺。天涯挥手去，书剑任飘零。　　秋月春花如一梦，白头重聚江城。翠明园里诉衷情。江山今古事，谈笑说人生。

蝶恋花·遇旧

深巷杏花湖畔柳。书卷飘香，窗下常相守。荡漾轻舟春似酒，清波抚弄纤纤手。　几度梦中思腻友。今日相逢，绕膝儿孙走。惜别依依闲话久，人生聚散天知否?

清平乐·谢友人

深山情意，松子遥相寄。万壑涛声千嶂里，扑面林脂香气。　蓝天碧海金滩，杏花春雨江南。老病难行千里，无缘亲睹幽兰。

【注】

友人长期工作于深山老林，现居海滨，任当地兰花协会主席。赠我小兴安岭松子及近日兰花展照片。

蝶恋花·寻梅

久病床头忘季节。雾绕云腾，哪记风和月。满院杨花飞似雪，今年误了梅花约。　记得红梅花似血，白发寻春，春已无消息。怅望树梢情切切，枝头挂满青青叶。

王家渊(1932—)

安徽繁昌人。繁昌县委宣传部退休干部。芜湖诗词学会会员。

闲　趣

自爱门闲无客扰，池塘野趣钓鲜鱼。
平居不作高人卧，读破床头几卷书。

一剪梅·庚午重阳

佳节重阳意兴豪，携友登高，纵览秋涛。神州大地十分娇，江浪滔滔，山雾飘飘。　霞彩光昭壮紫霄，临岳呼号，遥忆襟袍。心香脉脉向天烧，日月慆慆，俗念全抛。

唐大笠(1932—)

安徽枞阳人。《安庆日报》主任编辑，《安庆诗词》主编。著有《百梅诗画》《垄上堂散集》等。

乡思（四首选二）

庚午六月，“百梅诗画”于故乡枞阳作汇报展出，重晤少时同窗友人，共话当年，感慨系之，写成四绝。

一

百梅诗画慰乡思，愧我无才觉梦迟。
细字青灯书味在，相逢一笑鬓成丝。

二

同学少年气自雄，萍飘南北又西东。
多情文字终尘垢，无恙青山有几重。

寄钮冬林

我在江之滨，君居淮之北。江淮两地情，山水无阻隔。
今年两次来，非作江上客。慰我病残躯，惠我心头热。
不作寻常语，联床披肝膈。抗怀思古今，素心仰贤哲。
丁酉淝上春，风雨忽寒彻。一夜北风紧，梅枯杨柳折。
发配江南路，江南失春色。投笔从农圃，挥锄弃斧钺。

渴饮源头水，寒沐祁山雪。守山宿孤棚，杜宇夜啼血。
朝除茶园草，午刈南亩麦。耕破垄头烟，炭烧灰飞灭。
五年复归来，归来入另册。又逢大动乱，牛鬼队中列。
批斗再批斗，恻恻复恻恻。苍天胡不仁，人心忒叵测？
忽忽两朽翁，相见更相悦。头白等闲人，庸庸无名业。
无名亦无累，自甘亦自得。不欠人前债，未作糊涂孽。
啸傲于江湖，从容迎风月。海内存知己，天地钟人杰。

桂　林(1932—)

安徽繁昌人。繁昌县科委调研员。繁昌县诗词学会顾问，芜湖诗词学会会员。

梅

生成傲雪姿，香冷未嫌迟。报得春消息，不教蜂蝶知。

梁　东(1932—)

安徽安庆人。曾任煤炭工业部办公厅主任、计划司司长等职。原中华诗词学会常务副会长、《中华诗词》社社长。现为中华诗教委员会常务副主任、中华诗教促进中心主任。著有《梁东诗词选》《好雨轩吟草》《梁东论诗文丛》等，主编《中华诗教文论集萃》。

浪淘沙·板子矶

一石踞中天，吴楚襟连。山拥绝壁水回旋。锁定烟霞云汉外，我立君前。　细雨裹春寒，心绪频年。金戈铁甲怎安澜？城堞青苔铺石径，犹扼津关。

张祯祥(1932—)

安徽南陵人。曾任南陵县仙坊乡党委书记、黄墓区副区长。芜湖诗词学会会员。

夜　雪

悄悄怕惊骚客梦，轻轻落地静无声。
醒来疑是窗前月，却讶银装照夜明。

春游感怀

一片青红一片黄，云英菜麦竞芬芳。
莫言故土无名胜，名胜何如故土香。

放蜂人

浪迹天涯去觅花，繁花开处便为家。
荒郊僻野棚居苦，夜守孤灯听鼓蛙。

朱继明(1932—)

笔名辛味，号白鹿堂主人，安徽望江人。曾任太和县供销社主办会计、财务科长等职。晚年任望江县友声诗社副社长兼诗刊主编、阜阳地区诗词学会常务理事，中华诗词学会、安徽省诗词学会会员。著有《白鹿堂吟草》。

芜湖秋夜

长天夜幕罩高楼，漫步何须秉烛游。
树树银花开水上，灯光红遍一江秋。

何庆善(1932—)

安徽繁昌人。安徽大学古籍研究所研究员。著有《李白在安徽》(与人合著)、《诗情词境堪吟哦——古典诗词学习例说》、《唐诗评三种》(点校)。

怡老吟

雕根刻石撰文章，老伴笑余无事忙。
忙里度闲添乐趣，辛劳换得梦常香。

何　迈(1932—)

安徽庐江人。中国人民大学哲学系研究生毕业，合肥工业大学哲学教授。著有《了了斋吟草》，另有十多部学术著作问世。

行香子·望星空

清夜无尘，极目消魂。望星空、感悟十分。荣华富贵，休去劳神。只镜中花，蟾中桂，梦中春。　长河落照，灯火黄昏。泊归舟、流水孤村。琵琶犹抱，做个闲人，任一回风，一阵雨，一片云。

严云生(1932—)

安徽桐城人。曾任桐城县档案局局长。桐城诗词学会会员，安徽省炳烛诗书画联谊会会员。著有《云生诗稿》。

重 阳

一年易过又重阳，白发疏林映日苍。
莫道年高无所事，黄花偏放晚来香。

孙国光(1932—)

安徽南陵人。曾任南陵县区委副书记。芜湖诗词学会会员。

巫山一段云·赞南陵

旧貌年年换，新颜岁岁华。琼楼拔地万千家，通道接天涯。　　水富鱼虾蟹，山多竹木茶。旅游胜境有乌霞①，更著牡丹花。

【注】

①乌霞：工山镇乌霞寺、乌霞洞，北宋名士陈翥曾隐居于此。

左清劭(1932—)

安徽枞阳人。枞阳县粮食局干部。中华诗词学会、桐城诗词学会会员，枞阳诗词学会理事，芜湖诗词学会会员。

登小孤山望海潮亭

琼楼玉宇云崖暖，一柱擎天气势豪。
我捧险峰亭上月，九江波浪拍诗潮。

金庭柏(1932—)

安徽潜山人。曾任潜山县委书记、阜阳县委书记、阜阳地委副书记、芜湖市委副书记等职。1988 年到 1992 年担任芜湖市委书记，1992 年到1998 年任安徽省政协常委。1998 年退休，定居芜湖。

也赋大林寺桃花

当年寺院早尘埃，白塔斑斓半是苔。
唯有桃花情未了，含苞苦等故人来。

【注】

白居易有《大林寺桃花》绝句：“人间四月芳菲尽，山寺桃花始盛开。长恨春归无觅处，不知转入此中来。”大林寺在庐山，“白塔”是后人为纪念白居易在大林寺所建的砖塔。

大　树

参天蔽地立乾坤，九十年轮正妙龄。
久历风霜磐石稳，常凭光合与时新。
根藏沃土繁枝劲，气播神州万象清。
毒液祛除须药猛，身康寿永荫苍生。

建国六十周年庆

六旬寿诞恰中秋，月更分明意更稠。
地覆天翻兴国祚，河清海晏解民忧。
和弦巧奏倾宏宇，科学绸缪壮九州。
能为华章添附点，学吹学鼓乐从头。

年过花甲学电脑

面似银屏脑似箱，个中奥秘费思量。
鼠标点击传符令，盘键轻敲织绵章。
网络接通天地小，菜单列出盛筵香。
人生易老心难老，再作蒙童也不妨。

马　赞

生与人为善，无言独顺从。佞臣诓指鹿，天质应称龙。
负重躬如月，奔腾气若虹。岂图妃子笑，乃为战旗荣。
铁蹄丧敌胆，慧眼识英雄。乌骓忠项羽，赤兔义关公。
难忘秦琼别，常思伯乐逢。烽台初息雾，赛场显威风。
跨栏殊洒脱，舞步益从容。识途非老迈[①]，尽职有始终。
伏枥思千里，由缰梦九重。值年逢甲午，马到必成功！

【注】

①“老马识途”的老马，非指年迈的马，是指军中服役时间较长的马，似应与部队老兵之义相通。

彭　震（1932—2008）

安徽繁昌人。曾任中国工商银行繁昌县支行科长。安徽太白楼诗词学会会员，芜湖诗词学会理事。

沁园春·芜湖礼赞

浩浩长江，滚滚东流，历史悠长。望崇楼巨厦，巍峨气象；双江十景，旖旎风光。明鉴陶塘，鸠兹瑞泽，更辟新区引凤凰。凝眸处，有晴岚毓秀，米市飘香。　　公园奥运新装，喜开拓城南谱乐章。正波澄玉液，如临仙境；经济发达，百业隆昌。发展工商，振兴科技，万众欢腾奔小康。佳音报，乘商机入世，再铸辉煌。

陈旭光（1933—）

字梦寒，别号涵芳园叟，安徽望江人。望江县诗词学会常务理事、副秘书长，《雷池吟》编委，《雷音续集》副主编。著有《涵芳园吟草》等。

沁园春·先师孔子

世纪春秋，天降斯人，教化九州。想文昭日月，千秋至圣，道通今古，万世膺旒。五四风潮，十年浩劫，殃及儒宗且蹦踩。批经典、是秕糠之论，敲户砖头。　任其喧嚷无休，终难掩文光耀斗牛。看清源正本，麟经致用；欧风美雨，孔学殊优。央视讲坛，于丹心语，道不远人更有由。真堪慰，我先师学说，普适环球。

浪淘沙·秦始皇兵马俑

六国扫庭空，万里殷红，凭陵杀伐统寰中。法重权尊方二世，乱起江东。　死后复称雄，仍整兵戎。妄从地下耀神功。除却俑陶工艺杰，有甚推崇。

黄山迎客松

本同梅竹密无间，啸傲烟霞乐自然。
岂料一朝膺美誉，逢迎便不敢偷闲。

满江红·黄河壶口瀑布

壶口何奇，数里外、声喧耳际。訇砰处，千重烟雨，万钧霹雳。雪浪排空飞瀑吼，银河倒泻狂涛激。惊回首、巨浪自天来，源难觅。　观陕晋，多壮丽。母亲河、炎黄裔。看奔腾咆哮，千年不息。龙口诗仙留醉墨，孟门大禹铭遗迹。我中华，九曲大摇蓝，谁堪匹。

秦官树(1933—)

安徽芜湖人。安徽农学院本科毕业，中学高级教师。芜湖诗词学会会员。

镜湖美

镜湖烟雨柳丝长，靓女轻盈挽俊郎。
楼影山光浮碧水，荡舟打桨笑声扬。

相见欢

今日相欢乐似娃，凝眸一例鬓霜花。
劝君畅饮三杯酒，莫笑人生醉晚霞。

方　浩(1933—)

安徽歙县人。华东师范大学毕业，内蒙古哲盟师范学校退休教师。

寒秋暮雨

潇潇暮雨酿秋寒，红叶增妍翠叶残。
逝水芳华无觅处，倚栏放眼看芜关。

风雨来凉偶成

翻墨云低阵阵雷，追凉快步上阳台。
无边豪雨潺潺下，不尽清凉飒飒来。
木叶承恩舒绿掌，花枝含爱绽红腮。
临风面雨身心爽，顿觉诗情涌入怀。

梦会伊人

池光似镜月如钩，联袂依依梦里留。
惆怅清风明月夜，一人无语独登楼。

胡向群(1933—2014)

又名胡匡中，安徽南陵人。小学高级教师。芜湖诗词学会理事。著有《荷塘逸韵》《芙蓉居吟草》。

赞芜湖长江大桥

皖江天堑落飞虹，夙愿终酬意兴浓。
当代工程东亚冠，千秋大业九州雄。
南疆北地全连贯，楚尾吴头一脉通。
展望功能新幅射，鸠兹古郡驾长风。

游南陵乌霞公园

乌霞园景冠南陵，鬼斧神工世所称。
五马盘槽争伯乐，双龟探海闯龙庭。
奇花烂漫增游兴，异草青葱激旅情。
修竹茂林幽静处，遥闻古刹撞钟声。

周传清(1933—)

安徽肥东人。安徽师范大学化学系退休教师。芜湖诗词学会会员。

夜　雪

夜半寒惊梦，窗明室亦明。初疑天拂晓，忽听折枝声。

嵇　寅(1933—)

安徽宣城人。曾任宣城地委落实政策办公室副主任、宣城市老干部局副局长等职。敬亭山诗词学会第二任会长、《敬亭山诗词》原主编，中华诗词学会会员，安徽太白楼诗词学会常务理事，芜湖诗词学会顾问。著有《五十唱酬集》《竹林拾遗》等。

登黄鹤楼偶成

楚泽横千里，巍巍黄鹤楼。龟蛇长毓秀，人物竞风流。
求索屈平赋，追思范蠡舟。大江流日夜，一洗古今愁。

一剪梅·纸扇

竹作身躯纸作衣，书也相宜，画也相宜。纳凉把扇镜湖堤。翻是书痴，覆是书痴。　　含笑佳人绰约姿，动似班姬，静似文姬。翩翩起舞日沉西。恋此佳期，忘却归期。

缅怀张恺帆

血洒龙华染战袍，题诗壁上志冲霄。
满怀浩气如仁杰，两袖清风胜板桥[①]。
解散食堂凭义胆，开除党籍遇寒潮。
澄源正本分泾渭，雪压青松挺且骄。

【注】

①唐朝狄仁杰，清代郑板桥。

伍发明(1933—)

安徽肥西人。小学高级教师。安徽太白楼诗词学会、庐州诗词学会、芜湖诗词学会会员，肥西诗词学会理事，《雪花吟选集》《对联新作》编委。

咏红梅·次刘逸非先生《依韵奉酬张本应诗友》原玉(四选一)

红装素裹不争春，高格魂牵踏雪人。
幽谷暗香生妙趣，烟村疏影更怡神。
冰浸亦有凛然气，日丽却无轻薄身。
点染关山成本色，丹心一片见天真。

无题三首

一

乡村四月绕清荫，隐隐鸡鸣小巷深。
砧杵敲苏溪底月，管弦律协凤头琴。
临窗攻读明中外，席地闲谈识古今。
喜见新楼林表出，田家安得雨风侵。

二

读史萧斋底事无，如烟往事总模糊。
李陵愁觉胡笳动，苏武忍看汉月孤。
但愿良臣传直笔，莫教汗简入岐途。
尘沙拂去还真相，对镜何惊不识吾。

三

远隔关河一见难，临窗常对白云看。
山牵别恨和肠断，水带离声入梦寒。

草绿晴川飞雁杳，霜生荻渚落花残。
行逢折柳辞君处，怅望河梁思百端。

郭新弧(1933—)

江西湖口人。安徽师范大学生命科学学院退休研究员。曾任芜湖诗词学会理事，《滴翠诗丛》编委。

清平乐·南投地震，寄慰在台亲友

山崩地裂，灯火千家灭。一怒共工天柱折。宝岛哀鸿凄切。　　灾情断续传来，蓦然无语惊呆。最是心牵肠挂，水深海禁难开。

鸡冠山堡垒残迹

深沟高垒面前陈，鏖战当年忆旧痕。
帝寇列强何跋扈，前朝屈辱永遗存。
无忘历史翻新史，重振军魂壮国魂。
灿烂阳光临大地，江山锦绣焕乾坤。

吴明桂(1933—)

安徽桐城人。长期从事小学教育工作，历任教师、校长等职。芜湖诗词学会会员。

蝶恋花·春晓

曙色临窗闻鸟语。捧日晨霞，绽放黄金缕。大地烟笼红湿处。桃红李白花千树。　　恰恰黄鹂寻燕侣。度柳穿花，锦羽随风舞。旭日祥云和气煦。年年春晓芳心许。

初访壶江岛

波涛一路访壶山，恍入桃源夜未眠。
浩浩长风千里梦，悠悠醉意百重缘。
民情高古迎宾客，海气苍茫挹蕙兰。
凝望轻舟冲浪去，诗心更逐远帆悬。

咏　梅

问讯春归几许时，为寻清韵系梅思。
难忘庾岭花争树，更忆罗浮香透帷。
玉蕊偏迎飞雪放，琼枝岂畏酷寒欺。
婷婷雅澹摇疏影，一片冰心答故知。

吴　拯(1933—2010)

号大经，字拯乞，别号拙吾，安徽枞阳人。中医师。枞阳诗词学会常务理事、会刊副主编，中华诗词学会、安庆诗词学会、芜湖诗词学会会员。著有《遣志吟稿》《本草吟稿》《拙吾诗词选》等。

文天祥颂

“零丁”“惶恐”叹奇篇，正气长歌动九天。
生死于人何可免，忠奸在史孰能颠。
丹心报国千秋颂，碧血凝诗万口传。
一卷雄文垂永世，神州代代毓英贤。

刘建武(1933—)

安徽桐城人。高级政工师。曾任桐城县教育局长、县委宣传部副部长等职。中华诗词学会会员，桐城诗词学会会长。著有《微吟草》。

争高诀

高扬毽子寄青钱，云外风筝有线牵。
援木凌霄花冠树，气球吹足也登天。

冯选民(1933—)

安徽繁昌人。曾任繁昌县城关镇政府科长。芜湖诗词学会会员。

乡村变化感赋

离别家乡几十年，纵眸梓里换新天。
南山松竹招商贾，北库鱼虾引客源。
犹记童年耕牧地，而今瓜果满芳园。
兴农科技田家乐，燕舞莺歌喜事连。

朱善方(1933—)

安徽繁昌人。曾任繁昌县粮食局工会主席。芜湖诗词学会会员。

鹧鸪天·重阳

结伴同游兴味长，宾朋携手度重阳。清风拂面舒心韵，枫叶流丹菊绽黄。　　今富地，昔穷乡，关山万里好秋光。归来安享田园乐，难得今宵一举觞。

邹邦才(1933—2003)

安徽和县人，芜湖市二十中教师。芜湖诗词学会会员。

行香子·镜湖春早

漫步陶塘，举目前方。半空中、古塔朝阳。赭山远影，紫气苍茫。有山花艳，小桥曲，柳丝长。　楼阁亭廊，鸟语花香。蕴诗意，鸠凤呈祥。林园处处，都是春光。看清波起，鱼翔跃，艇飞扬。

巫俊钦(1934—)

字韦华，原名贤铎，笔名逸君，安徽芜湖人。曾任芜湖县第一中学校长。现任芜湖县历史学会会长兼《鸠兹史苑》主编。中华诗词学会会员，安徽太白楼诗词学会副会长，芜湖诗词学会副会长，敬亭山诗词学会顾问。著有《树德堂诗笺》。

南湖故居拆迁感赋

树德堂前雏燕飞，人生之旅莫忘归。
庭中玉蕊梅怜我，篱畔黄花菊忆谁？
风过横塘梨梦远，日斜曲岸柳依违。
故园陈迹行看尽，伫立怆然闻子规。

瘦西湖与西湖[①]

长春西子两名姝，墨客骚人评得无？
怜她清丽谁嫌瘦，顾彼雍华未觉腴。

【注】

①瘦西湖：亦名长春湖。

浪淘沙·忆南湖

每忆在南湖，吾爱吾庐。桐园佳木影扶疏，白屋萧墙美人里，居也心舒。　　征调一封书，北奔南趋。三迁令誉岂名呼，踯躅归来人老矣，所为何图。

汪泽源(1934—)

女，安徽滁州人。1949年投笔从戎，经蚌埠干校学习后从事土改、共青团、教育、财务等工作，在宣城市农科所离休。中华诗词学会、安徽太白楼诗词学会会员，敬亭山诗词学会理事，芜湖诗词学会名誉理事。著有《汪泽源诗词集》《醉翁亭乡梦吟》。

比翼双飞

六十离休心未老，情怀不减壮年豪。
夫妻勤学诗书画，鼓翼双飞试比高。

鹧鸪天·踏雪

映月湖前雪未消，尘埃涤净景妖娆。一湖冻水如晶闪，万树冰花似玉雕。　　观剔透，喜多娇。银装素裹若琼瑶，寒风扑面饶佳兴，踏雪寻诗意趣高。

减字木兰花·读方竚先生《未藏真吟稿》有感

读君大作，囊括古今堪博学。恬淡自如，简朴鸠庐心自舒。　　诗词编审，妙手回春删次品。修己安人，沥血诗坛六十春。

【注】

先生住所自称“鸠江一角楼”。我请方先生审编《醉翁亭乡梦吟》诗稿时见用放大镜看字，深感不安。但先生说：“答应了就是我的事，用显微镜看也与你无关。”

浦家炳(1934—)

安徽肥西人。曾任安徽省肥西县花岗中心卫生院主治医师、院长等职，在肥西县卫生局退休。芜湖诗词学会会员。

金婚家宴感赋

此生天佑到银头，双度古稀互倚俦。
岁月维艰携手过，长河浪阔并肩游。
安居饱暖今无憾，陋室曾温待哺忧。
莫怨金婚谈后事，骨灰合洒一江流。

葛复中(1934—)

安徽繁昌人。曾任安徽师范大学中文系副教授、芜湖诗词学会常务理事、《滴翠诗丛》编委。著有《微窥室诗词稿》。

行香子·黟县行

路转车行，涧断峰迎。豁然开，水秀山明。烟霞百里，阡陌纵横。有桑林好，竹林翠，密林层。　重重似画，曲曲如屏。这其间，西递风情，南屏迷巷，村落牛形。看巷儿深，墙儿白，瓦儿青。

临江仙·滨江公园一隅

风急江宽东逝水，曾经多少艨艟。烟波落照古今同。双流邻一塔，阅尽浪涛汹。　　悬索鱼梁横素练，飞车恰似游龙。闲凭几度赏新容。芳园偕俊侣，细雨洒晴空。

沈宗海(1934—)

安徽繁昌人。繁昌县委对台工作办公室退休干部，芜湖诗词学会会员。著有《滨庐吟存》。

咏　风

南北忽西东，倏来天地中。春舒杨柳绿，秋飒雾华浓。
凉入朱门户，寒穿陋巷通。任人评善恶，潜影亦无踪。

卢俊善(1934—)

安徽广德人。曾任繁昌县邮电局局长。芜湖诗词学会会员。

赏　菊

赤橙黄紫笑金风，淡艳芳姿意自雄。
索句凭栏人欲醉，一篱秋色夕阳中。

何　诚(1934—2015)

安徽桐城人。曾任宣郎广茶业总公司党委书记。安徽太白楼诗词学会、芜湖诗词学会会员。

格律诗词进校园有感

唐音宋律少时功，国学旌旗世代崇。
学子常吟增志气，少年啸咏仰英雄。
诸多新秀诗情美，无数耆英韵味浓。
放眼吟坛臻盛世，阳春下里满芳丛。

春　燕

岁岁来回不倦飞，呢喃燕子带春归。
高翔掠过琼楼巷，低翥穿梭垂柳帷。
看似巡查原住户，却难觅见昔时扉。
含辛茹苦终如愿，重筑新居别墅楣。

桑盛庭(1934—)

安徽明光人。长期从教。曾任郎溪县诗词学会副会长，《郎川诗词》主编，敬亭山诗词学会会员。著有《桑园村诗稿》《桑园村词稿》等。

怀念胡耀邦总书记

西风猎猎浏阳黯，少小长征走陕甘。
驱虎灭狼扬剑气，迎潮劈浪挂雄帆。
中兴伟业明存废，洗雪沉冤辨佞奸。
一片丹心昭日月，至今民众唤青天。

渔歌子·望南漪湖

谁迓西施落镜间，荷衣兰带玉容颜。惊绝艳，醉陶然，湖乡胜似武陵源。

王言恕(1934—)

安徽无为人。芜湖造船厂退休职工。芜湖诗词学会会员。

汶川地震一隅

瓦砾中一位母亲跪伏保护着三个月大的儿子，母亲已遇难，孩子被救出，还刚睡醒。

大难临头择死生，阿妈跪伏护儿身。
千斤重压娘承受，母爱世间情最真。

张明海(1934—)

安徽肥西人。六安市政府退休干部。六安诗词学会理事，六安市老年大学诗词研究会会长。著有《心泉吟草》。

偶　成

莫道归休日已斜，桑榆晚景映余霞。
秋光未必输春色，笔底常开二月花。

王巧智(1934—)

安徽祁门人。曾任芜湖地区档案馆干部、厂纪检员等职。安徽省诗词学会、芜湖诗词学会、敬亭山诗词学会会员。著有诗集《闲庭韵语》。

一剪梅·自嘲

虚度年华七五春，遇事能争，秉性天真。无忧无虑度清贫，日看浮云，夜数星辰。　　身自安康心自平，诗韵耕勤，夫唱吾吟。满头纵使发如银，一样多情，一样精神。

余　瑾(1934—)

安徽安庆人。退休前在望江县工作。芜湖诗词学会理事。

观残奥会

莫以身残苦，个中别有甜。双轮如走马，单拐可飞拳。
击水三千丈，运球一路烟。英雄无所惧，壮志薄云天。

马云骧(1934—)

安徽阜阳人。郎溪县中学高级教师退休。安徽太白楼诗词学会、芜湖诗词学会会员，郎溪诗词学会副会长。

临窗偶兴

莫道稀龄万念空，风平雨霁夕阳红。
人循网络争先手，我击健盘方启蒙。
烨烨荧屏观宇宙，澄澄心镜识西东。
凭窗遐想苍茫夜，旷野秋声月照中。

游八阵图遗址有感

汉季宫庭渐寂寥，兵如游蚁匪如潮。
茅庐拟就三分定，江火烧红一代豪。
五路方平泸水渡，六征无果将星凋。
荒滩八阵今何在？跨纪工程逐浪高。

马寅初诞辰一百三十周年纪念[①]

抗战艰难日，雾都天不明。安邦声谔谔，傲上骨铮铮。
万箭飞蝗集，单枪匹马迎。乌云重压顶，赍志搏余生。

【注】

①马寅初（1882—1982），经济学家、教育学家、人口学家，曾任北京大学校长。

感　时

法似缰绳权似手，仕途圆梦跨飞黄。
有偿地位升筹码，无奈天平重孔方。
事少光明难正大，言多冠冕枉堂皇。
何时天网齐张目？犹待黎元共举纲。

朱来义(1934—)

安徽桐城人。经济师。曾任繁昌县工商局局长。安徽太白楼诗词学会、芜湖诗词学会会员，繁昌诗词学会理事。

秋　感

丹枫黄菊报秋香，鸿雁蓝天声远扬。
荻港江风撕白絮，无端染我满头霜。

钱恩谱(1934—)

安徽枞阳人。池州师范专科学校毕业。枞阳县小学高级教师退休。枞阳诗词学会、芜湖诗词学会会员。

西江月·自寻乐趣

日读报章杂志，偶尔提笔抒怀。荆妻笑我老痴呆，孙赞爷爷专爱。　不羡名烟贵酒，尤烦麻将牙牌。粗茶淡饭自安排，趣在词林韵海。

郑文兵(1935—)

安徽庐江人。庐江县金牛镇供销社退休干部。安徽太白楼诗词学会、中华诗词学会会员，庐江县诗词楹联学会理事。

纪念渡江战役兼咏马毛姐

千帆竞发破狂澜，惊断金陵春梦残。
巾帼挥篙先到岸，英风豪气忆当年。

深夜酬友

剪烛添衣兴正宜，权将绿蚁哺肠饥。
更阑醉客无兼味，一碟花生半席诗。

方金生(1935—2005)

安徽桐城人。杭州大学肄业，曾在安徽省石油公司、芜湖市市政公司工作。芜湖诗词学会会员。著有《泾川诗文集》。

夜过水西寺

四野沉沉树色迷，长堤独步夜归迟。
疏星朗月梵音寂，数点渔灯映水西。

过兰山寺

深山寺废不逢僧，绝壁摩天老树横。
偏是多情鸣涧水，潺潺一路伴归程。

怀　乡

故园一别几芳菲，烟雨龙眠梦里窥。
几度沧桑随水逝，一腔豪气化烟飞。
前尘碌碌惊回首，后事茫茫欲语谁？
久作江南编外客，老来无日不思归。

陶光项(1935—)

安徽无为人。曾任小学教师，区、乡干部，报社记者，县监察局副局长、交通局副局长等职。芜湖诗词学会顾问。著有《补拙斋吟草》《补拙斋联语》。

登巢湖文峰塔

文峰高耸插巢湖，雾里青山淡若无。
倒映数行飞鹤影，横描一幅卧牛图。
笔花入梦多寒士，雁塔题名有赌徒。
我上丹梯抬望眼，云天欲写万言书。

【注】

文峰塔在巢湖中姥山上。巢湖东岸有卧牛山公园。

无为大堤晚望

四野嘉禾秀，风传雨后蝉。长堤一线绿，远树万重烟。
巨舰龙腾浪，新城梦正圆。予心忽慷慨，高唱大江天。

有感于一小学生答记者问①

长成我想当贪官，一语惊人心发酸。
公仆变形宗旨失，坐标移位守廉难。
见财嘴抹三分蜜，卖笑胸无半点惭。
裙带千条牵似网，楼台几座占还关。
读书无用勤何益，造假邀功可售奸。
裕禄精神疑作秀，雷锋日记笑空谈。
不闻警世钟声响，却爱金钩饵上餐。
愿筑长城防腐败，防它流毒到摇篮。

【注】

①据《长江日报》载：2009年9月1日，记者采访广州某校小学生，一名小学生说他“长大后要当贪官，因为贪官有好多东西”。

孙大科(1935—)

字钟鸣，居号翠竹兰斋，安徽芜湖人。高级政工师。1956年参军，先后在芜湖市委党校、市纪检委工作。中华诗词学会、全球汉诗总会、安徽太白楼诗词学会会员，芜湖诗词学会第五届常务副会长，《张孝祥词鉴赏》编委。著有《岁月留痕吟草》。

退休乐

公门揖别了千愁，野鹤闲云任自由。
隐隐青山迎远客，迢迢绿水泛轻舟。
城中车马常惊梦，林下风光足探幽。
好景如花看不尽，余年更作五湖游。

钻石婚感赋

灾年草草结鸾俦，风雨同舟六十秋。

素食无鱼终不怨，寒庐有爱复何求？
孟梁举案伴红烛，适秀随缘共白头[1]。
否极泰来珍晚景，天涯携手任遨游。

【注】

①适秀：指胡适、江冬秀夫妇。其婚姻为中国传统式的，我夫妇亦然。

芜湖放歌

半是山城半水城，长河滚滚入东溟。
园林棋布旅游旺，大道网联商贸兴。
四县农经夸好景，三江众口赞明星。
高楼鳞次连云际，天上人间若比邻。

雁荡山龙湫观瀑

初来访名山，心潮逐浪翻。好鸟知我来，关关若相欢。
龙湫天下奇，河汉落九天。瀑溅珠万斛，风荡千丈悬。
天孙裁素织，锦挂银河边。忽闻天鼓响，殷雷鸣壑间。
神龙噀雨来，散作玉满田。映日彩虹灿，飞龙舞翩跹。
白龙二千丈，欲下天池眠。四时霏霏雪，满面飕飕寒。
湫小通沧溟，千年泉涌喧。声撼惊鬼魅，云雾绕龙蟠。
龙湫看不厌，胸境荡天宽。喷瀑山无暑，徜徉竟忘还。

杨永松(1935—)

号盛如，安徽和县人。曾任区农技站站长、畜牧兽医局工会主席，高级农艺师。现为中国楹联学会会员，安徽省炳烛诗书画联谊会理事，芜湖诗词学会会员，无为县楹联学会副会长，无为县《友声吟集》副主编。著有《花园吟稿》。

学诗乐

蓬门久驻数寒天，直待银须颌下悬。
常入田间人已老，频登诗苑自非闲。
情牵“老大”三冬雪，魂绕“友声”一管弦。
收拾红尘千万事，桃花源里赋新篇。

米公祠

米公拜石越千年，旧地层楼彩匾悬。
曲径清新寒雨后，墨池寂寞冷风前。
兴修殿阁迎佳客，倡导人群尊圣贤。
今日繁荣频忆古，纷纭往事亦新鲜。

绣溪踏春

兴来徐步踏双溪，飞絮颠狂沾满衣。
绿柳莺梭寻雅趣，银波燕剪掠新奇。
黄童花畔追飞蝶，皓叟亭中看弈棋。
凝目方池楼倒影，回眸两岸草萋萋。

胡之锦(1935—)

安徽芜湖人。退休前在芜湖县供电局工作。中华诗词学会、中国楹联学会、芜湖诗词学学会员。曾自辑《湖天流韵：自选业余诗联集》一册。

谒泾县厚岸村王稼祥故居纪念馆

金色花环映柳溪，“寒梅”“风竹”逸神姿。
一生革命峥嵘史，万里征程壮丽诗。

“通德门”前瞻德宅，“聚星桥”上仰星旗。
红碑四块将军石，镌刻风华正茂时。

诸天锡(1935—2014)

安徽南陵人。敬亭山诗词学会、安徽省炳烛诗书画联谊会、芜湖诗词学会会员。著有《田园诗稿》。

雪　景

雪后清晨景色佳，银光耀目引人夸。
千枝凝结晶珠果，万木齐开白玉花。
鸡出栅门留竹叶，驴行场地印枇杷。
檐前滴水无声息，悄作冰悬似象牙。

诗友来访

一壶浊酒并粗肴，说与诸君莫见嘲。
不是乡村离市远，只因囊橐太萧条。
承蒙厚爱常来访，同把诗文着意敲。
待到三春风日暖，电波传讯再相邀。

卜算子·文字贩

写作畅心情，投稿求书看。谁料骚坛隐商机，出现文字贩。　　说你夺金冠，索费盈千贯。收到铜皮假乱真，骗了呆头汉。

承忠委(1935—2006)

安徽芜湖人。曾任芜湖地区卫校中医师，地区中医学会副秘书长。1991年获“全国名医”称号。芜湖诗词学会会员。

自　吟

研医心力瘁，敢惜老来身。但愿人长寿，何妨我独贫。

钱明锵(1935—2012)

浙江苍南人。企业家，诗人。曾任浙江省诗词学会常务理事、新时代诗社社长、杭州西溪文化研究会会长、世界汉诗协会常务副会长、敬亭山诗词学会顾问、芜湖诗词学会顾问等职。著有《涵天楼吟稿》《钱明锵赋集》《钱明锵骈文集》《颐园诗稿》《商海诗魂》等。

行香子·游杨公堤

幽径芳新，隐秀流金。水天清、一碧无垠。鸥眠柳岸，鱼泛漪沦。赏湖中景，景中画，画中人。　轻桡迎客，泊清傍�。荷风爽。大快吟魂。骑楼曾识，醇味重闻。醉花间酒，酒间梦，梦间身。

谷世刚(1935—)

河北枣强人。曾任枣强县物资供应公司经理。芜湖诗词学会会员。

兵马俑遐思

冥府秦皇仪仗雄，万尊陶俑炫威风。
谁怜民役千刑苦，血泪和泥凝地宫。

诉衷情

人前羞说想檀郎。郎影内心藏。画桥送别声咽，烟柳亦悲伤。　　眉紧敛，倚纱窗。懒梳妆。问谁解我，一寸芳心，百结柔肠。

费瑞丰(1935—)

安徽肥东人。建筑工程师退休。中华诗词学会、繁昌诗词学会、芜湖诗词学会、安徽太白楼诗词学会会员。

看芜湖市改革开放三十年老年书画展

近日江城溢翰香，骚人雅士写辉煌。
挥毫百态羲之笔，泼墨千姿白石章。
喜看松针逗堤柳，笑迎竹叶话荷塘。
高歌卅载山河变，无限风光汇一堂。

姚国祥(1935—)

安徽宿松人。退休前曾任宿松县许岭区医院中医科主治医师。宿松县佛教协会常务理事，芜湖诗词学会会员。

重九回乡有感

山山水水尽依然，唯有村庄不似前。
碧瓦红楼开画境，残垣断壁变林园。
谷如金涌千层浪，渠若银流万顷田。
重九登高兄弟乐，笑谈旧貌换新颜。

秋 兴

志士何愁两鬓皤，风霜遍历百千磨。
谁言秋老山容淡，秋到深山红更多。

赵渭璜(1935—)

安徽无为人。毕业于皖南医学院临床医学系，曾任庐江县医院内科主任医师。

摊破浣溪沙·反腐纠风前所未有

反腐风雷撼众心。古今中外未曾闻。老虎苍蝇同样打，势千钧。　　政治决心坚胜铁，移风除腐焕然新。风正气平前路阔，万民欣。

葛国经(1935—)

安徽和县人。曾在芜湖市公安局马塘分局工作。安徽太白楼诗词学会、芜湖诗词学会会员。著有《俚语闲吟》。

鹧鸪天·梦游太平湖

人说太平湖水柔，梦中踏浪藉兰舟。碧空鸥鹭穿飞疾，浅底群鱼竞自由。　　风习习，鸟啾啾。岸边黄菊足风流，醒来还觉心飘逸，搦管铺笺记梦游。

潘建华(1935—2016)

安徽庐江人。安徽财贸学院毕业，曾在中国人民银行池州分行工作多年。中华诗词学会会员，安徽太白楼诗词学会、芜湖诗词学会常务理事，芜湖市清水镇老年学校诗词班教师，《长河夕照》诗刊主编。

悼亡妻岳惠二首

一

溘然西去会无期，路隔人天两不知。
最是夜深灯影尽，悲怀难遣泪沾衣。

二

痛诀于斯已十霜，睹卿遗物倍神伤。
凄凉心事凭谁诉？孑立茕茕鬓发苍。

春满桃花沟

蜂歌蝶舞燕飞低，明媚春光醉眼迷。
杨柳依依两岸绿，桃花红透小桥西。

采桑子·惜春

群芳凋谢春将老，满地残红，落絮腾空。尽在飘零风雨中。　　堂前燕子花前蝶，相聚融融，离散匆匆，一往西飞一向东。

王孝金(1935—)

安徽和县人。芜湖市委党校副教授。芜湖诗词学会会员。著有《酒之赐与在之思》《孝金诗一百首》《沉遐集》。

登泰山

岱宗声天外，七五始登攀。振衣心潮涌，拾级时惊叹。
不慕空中道，脚踩十八盘。手抚华夏脉，俯仰尽庄严。
耳听齐鲁韵，目诵天人篇。信步南门外，未敢小众山。
汉武追秦皇，愚妄竟封禅。黛色吞今古，权贵休独专！

鹧鸪天·蔷薇

丛碧不须蜂蝶侵，暗藏芒刺为防身，艳阳高照花姿展，翠叶轻舒笑靥颦。　承雨露，绽华春；清香袅袅满乾坤。只争朝夕丹心献，且伴千芳共绿茵。

汪业进(1936—)

安徽无为人。退休教师。芜湖诗词学会会员。

船　夫

投篙俯仰舞翩跹，破浪乘风苦亦甜。
夏日炎阳皮烤炙，冬天冷气脸熬煎。
深更北斗开航运，半夜星河眨眼寒。
身影随波收不住，全神贯注浪花间。

胡东坡(1936—)

安徽绩溪人。繁昌县第三中学高级教师退休。芜湖诗词学会会员。著有诗集《一抹心痕》。

静夜思

风雨愁城百虑煎，悠悠万事总相牵。
梦怀几度嗟慈父，悲曲一支叹逝川。
笔赋诗文投故里，心随风月向西天。
尘途厄运苍黄事，累载艰辛半世冤。

刘　斐(1936—)

号寓辞斋主，笔名迅风，安徽池州人。注册会计师。中华诗词学会、安徽省诗词学会、芜湖诗词学会会员。《晚霞诗刊》《繁昌诗词》编辑。

池州杏花村行吟

牧童横笛声清脆，老叟扬鞭垅上耕。
千树风轻莺自啭，“一犁云淡雨初晴”。
黄鹂有谱宜循度，碧水无弦岂失衡。
月稼田畴增逸性，风吹金穗估收成。

六州歌头·陶辛水韵

奇哉古镇，继五柳遗风。渠似网，舟如叶，水津通，牧渔农。千顷碧波皱，鹭凫藻，鹅鸭戏，菱歌和，船橹动，桨惊鸿。游历谪仙，醒酒清凉渡，送别汪公。问青莲何去？赋韵弋江中。我驾乌蓬，觅遗踪。　正天晴朗，捕鱼蟹，捞珠蚌，撷芙蓉。龟墩钓，唐王渡，柳葱茏，弈争雄。千古灵均祭，如潮涌，看游龙。香湖岛，亭台榭，鸽欢腾。贯综兴农“立体”：“陆空海”、生态和融！颂渊明后裔，构福水迷宫，陶醉江东。

何了然(1936—)

安徽庐江人。曾任安徽师范大学高教研究室副主编。芜湖诗词学会会员。著有诗词集《云上吟》。

浣溪沙·成都武侯祠

丞相祠堂何处寻？森森翠柏吐春云，四方吊客日纷纷。　忠见出师前后表，才奇未出定三分，抚琴退敌更惊闻。

淮海战役纪念塔

凤凰山麓翠，高塔耸连云。浩气天然聚，战功日月存。
山河飘锦绣，淮海悼忠魂。大众齐蹈奋，神州一色春。

孙文光(1936—)

安徽庐江人。北京大学中文系研究生毕业。曾任安徽师范大学图书馆馆长、研究员、硕士生导师。《芜湖历代诗词》总编审，《中国近代文学大辞典》主编。芜湖诗词学会第六届会长，现为名誉会长。著有《天光云影楼诗稿》《天光云影楼诗稿二集》。

江上中秋

飞光千里涌冰轮，灯火楼船梦未成。
惆怅江天数声笛，撩人难耐故园情。

水调歌头·重游九华山

胜境佳如许，今次我重来。天半芙蓉吐秀，揖客郁崔嵬，是处绿阴冉冉，掩映红泥古寺，曲径没蒿莱。驭电凌空举，一笑上天台。　　沧桑变，心事定，绝尘埃。钟声梵韵，胸中海岳梦中雷。遥念当年诗客，指点江南九子，歌啸百千回。更向宣州去，山家醉旧醅。

后西游杂诗

七月三十一日下午四时半，自北京启程赴芝加哥，波音777机中作。

又作巡天万里游，仰观俯察总悠悠。
故园七月方流火，客域当今似小秋。
短别每怀飞浪艇，重来应识恋人鸥。
五湖烟水茫茫绿①，引得诗情到美洲。

【注】

①芝加哥位于北美五大湖之一的密歇根湖的西南侧，风景绝佳。

贺新郎·芜湖长江大桥建成喜赋

纵目长虹起。问谁持参天巨笔，横空摹写？万道光芒腾瑞气，绿白红黄蓝紫。更霞彩漫天成绮。九派曾歌飞岸渡，踵芳尘白下云车驶①。视此际，犹逊矣。　　百年往事君知未？济津梁东联西应，造民福祉。几度挥师兴又废，好梦难圆如水。须盛世从容爕理。花压阑干春满地，喜中江天矫腾龙趾。齐蹈厉，创新纪。

【注】

①九派、白下句：分指武汉、南京长江大桥。

江光志(1936—)

安徽无为人。退休教师。无为县诗词学会理事，芜湖诗词学会会员。

农民工二首

一

江湖到处寄萍踪，冷月寒星望夜空。
圆了他人新屋梦，一肩行李又西东。

二

每逢除夕盼团圆，一票难求夜不眠。
妻问归期无以告，心酸泪水涌如泉。

巢善广(1936—)

安徽肥西人。早年供职于安徽省林业厅，后下放任小学教师、校长。肥西县楹联学会、诗词学会理事、副秘书长，安徽太白楼诗词学会、合肥诗词学会、芜湖诗词学会会员。著有《紫蓬碧窗诗钞》《碧筠斋诗钞》。

感　怀

不攀权势不争名，品自流芳骨自清。
未赶新潮追皓月，常牵旧梦叹苍生。
花间小酌情怀放，醉里狂歌眼底明。
沧海扁舟曾弄险，风云过后感时惊。

遣　怀

时笑人生阅历殊，几经磨洗剩形躯。
手中秃笔依然在，眉宇愁云早已无。
浊酒三杯消块垒，小诗一首咏清娱。
春风惬意情怀放，墨海遨游足慰吾。

李官连(1937—2011)

又名李光连，江苏江浦人。安徽师范大学中文系教授。曾任芜湖诗词学会常务理事、《滴翠诗丛》副主编。著有《李白传》《散文技巧》等。

观大宁河栈道悬棺

峡谷弯弯抱众山，溪流漾漾绿河川。
雄峰巍巍云天外，薄雾飘飘削壁边。
万仞山崖通栈道，半空洞穴吊悬棺。
神工鬼斧人惊叹，千古谜团索解难。

游泾川陈村水库

满眼澄明景色鲜，杜鹃啼破柳村烟。
巨龙斩断谷中水，小艇摇开库底天。
两岸青山堆翡翠，一湖晚照聚流丹。
芊芊草色净如洗，万斛清新尽可餐。

许成祥(1937—)

安徽无为人。安徽太白楼诗词学会常务理事，马鞍山诗词学会常务理事，中华诗词学会会员，芜湖诗词学会顾问。

重上白云寺

山溪一曲递西流，古道梯升乱石沟。
红日云开张笑靥，青峰叠翠眺芳畴。
深林犬吠知云路，广宇钟鸣醒俗忧。
小避尘嚣寻净土，鹿柴启处鸟啁啾。

【注】

白云寺位于当涂县大青山上，建于西晋咸宁四年（278），距今已有1 700余年。

程锡田(1937—)

安徽来安人。高级工程师。芜湖诗词学会、敬亭山诗词学会会员。著有《程锡田诗词选集》。

江城子·思双亲

双亲谢世历时长。屡思量，甚悲伤。回想当年，劳作十分强。苦干为儿寻出路，忘自己，累身亡。　梦中相见在茅堂。一桩桩，问端详。唯见凄凄，沉默不开腔。醒得斯言犹可记，心意乱，泪沾裳。

何贤山(1937—)

安徽巢县人。芜湖市弋江区机关干部退休。芜湖诗词学会常务理事，敬亭山诗词学会、安徽省炳烛诗书画联谊会会员。

纪念抗日战争六十周年

卢沟烽火暗神州，倭寇侵华血泪仇。
六十年前终雪耻，和平勿忘枕吴钩。

赠老年大学同班学友

曾经各自谋稻粮，五十六年又同窗。
欣喜古稀堪作乐，诗书相伴赋华章。

李 幸(1937—)

安徽繁昌人，曾任繁昌新港镇教委干部。繁昌诗词学会副会长、顾问、会刊主编。著有《清寒斋诗词选》。

观 荷

微风吹过满身香，红绿交融绝世妆。
独坐横塘不知暮，芙蓉仙子笑痴郎。

小 园

东风惠我小园青，蔬菜丛生露水盈。
豇豆吐丝藤满架，青椒含蕊叶横生。
蜂飞忙碌传花粉，蝶舞蹁跹绕紫荆。
佳客临门真乐事，鲜羹佐酒叙真情。

采桑子·茶乡

烟霞淡淡莺声碎，兰吐芬芳，蜂恋芬芳，姑嫂开灯夜着妆。　　雨前采得毛尖焙，村里飘香，村外飘香，精制名茶奔小康。

行香子·黄山

出世横空，耸向苍穹。峰峦迭，俊俏虬松。茫茫云海，变幻无穷。看一时晴，一时雾，一时风。　　遍游五岳，独此称龙。徐霞客、评价推崇。众山名景，豁入心胸。有匡庐幽，峨嵋秀，泰山雄。

胡炳生(1937—)

祖籍安徽含山，生于浙江湖州。安徽师范大学教授。曾任芜湖诗词学会副秘书长兼《滴翠诗丛》副主编，现为学会名誉会长。中华诗词学会、安徽省诗词学会会员。著有《古月斋诗词选集》等。

金缕曲·西泠谒秋瑾塑像

君享齐天寿！仰英姿、披巾仗剑，风神依旧。欲问当年龙虎事，但觉云翻雷吼。喜禹甸移星转斗。玉立孤山三友伴：报春梅、桂子、苏堤柳。西泠社，荐诗酒。　眉间似隐盈盈皱。是怅望、海东父老，台湾亲友？或恐西湖歌舞醉，游客消磨春昼？念“四化”宏图未就？放眼钱江堆后浪，信中华自有擎天手。我来拜，君知否？

桥通新世纪

国庆喜空前，江城鼓正喧。桥通新世纪，梦别旧千年。
铁臂云中展，瑶琴浪上悬。天工谁巧夺？一曲颂时贤！

冬至前一日夜雨闻雷有感

冻雨催冬至，春姑慧眼开。为怜花寂寞，先寄一声来。

华清池

华清池水太真容，多少兴亡转眼空。
长恨人间春梦短，杨花岁岁拂临潼。

水调歌头·写在青藏铁路通车之际

雪域通天路，昆仑铁脊梁。千里高寒古陆，笛唱破天荒。百载兴边梦想，三代中枢擘画，五岁铸辉煌。十万英雄汉，血肉筑康庄。　　白唇鹿，盘空隼，藏羚羊，迎迓远方来客，睦处共徜徉。伫立三江源上，叩问珠穆朗玛，何处是仙乡？最近苍穹处，鼓乐正悠扬！

龚　萍(1937—)

安徽芜湖人。原宣城地区石油煤炭工业局退休干部。安徽太白楼诗词学会会员。曾任芜湖诗词学会常务理事兼办公室副主任。

登岳阳楼

躬逢盛世上名楼，百里湖光一望收。
诗圣光芒昭日月，范公忧乐励千秋。

曹雪芹

惊心往事痛沉沦，十载成编欲断魂。
秃笔一支灯共老，敢将顽石寄乾坤。

梁志诚(1937—)

安徽繁昌人。曾任繁昌县水务局工程师。中华诗词学会、中国楹联学会、芜湖诗词学会会员，《繁昌诗词》编委。

采桑子·陶辛荷韵

凌波婷立环香岛，泽国称仙。馥郁人间，映日蒸霞染细涟。　　频擎玉盏邀人醉，笑靥含胭。雅韵盈船，尽展莲乡艳丽天。

朱树柏(1937—2003)

安徽枞阳人。枞阳县工商局副局长退休。芜湖诗词学会会员。

临江仙·重九

又是秋高重九日，冈峦延伫凝思。西风萧瑟叶先知。空余离别恨，却有傲霜枝。　且喜江湖归白发，闲云野鹤从兹。桑榆景好夕阳迟。寄怀敲小令，邀月满金卮。

鹧鸪天

岁月蹉跎近晚时，安然自适不生悲。杯中量减君休问，头上霜添镜已知。　吾既老，欲何之？经霜沐雪一寒枝。绕湖三匝清晨步，觅取前人未尽诗。

强克和(1937—2016)

安徽繁昌人。中学校长退休。芜湖诗词学会会员。

故乡留吟

水绕青山山抱溪，沿阶小郭立东西。
鹰盘秀谷苍松逸，燕语楼檐孺子奇。
隔座猜拳忘雅俗，通宵对弈决雄雌。
多年客地教书匠，一夜乡音喜泪垂。

临江仙·赠友

六十流年风雨过，烟波江上长虹。老夫闲坐看渔翁。

弄潮翻激浪，张网动云空。　　一叶轻舟三万顷，琼花浩月飞盅。笑谈逐鹿数英雄。管他成与败，珍重夕阳红。

樊仪兴(1937—)

安徽巢湖人。退休前曾任小学教师、乡党委副书记、无为县襄安工商所副所长。芜湖诗词学会会员。

故里新韵

今归桑梓地，故土倍关情。燕剪清溪柳，鸡鸣绿草坪。
新朋奔富裕，老友话前程。漫赏村边景，桥头榴火明。

皓首感怀

得失枯荣我自知，丹枫似火夕阳迟。
迷津未改青丝志，歧路还吟苦旅诗。
沐雨经风堪养性，攀龙附凤耻营私。
观今汲古求真谛，放眼大千寒暑宜。

徐峥嵘(1937—)

安徽庐江人。中华诗词学会会员，庐江诗词学会副会长。著有《余人集》。

花上月令·春

琼枝玉蕊暗香霏，撩雪舞，逗风随。个中多少相思瓣，蒂连谁？踏歌叹，苦无媒。　　花盛花衰催岁月，情未老，意难灰。可怜几作高唐梦，蝶双飞。梅知否？雁空悲。

浣溪沙·落叶吟

落叶飘零诉隐衷，羞提昨日碧云浓。莺流戏舞醉林丛。　冷雨凄风红叶碎，和鸣比翼镜花空。愿将腐朽育新松。

程启瑞(1937—)

江苏淮安人。复旦大学新闻系毕业。军队师职退休干部。中华诗词学会、江苏诗词协会会员，苏州后乐诗社社长。著有《柴蓬阁诗稿》。

三沙吟

一座三沙市，能当十万兵。为圆强国梦，海上筑长城。

重读瞿秋白《多余的话》

断头旦夕意拳拳，为国捐躯自坦然。
话不多余掏肺腑，情犹未泯吐真言。
英雄何惧求一死，壮烈无须愧二元。
解剖人生匡定位，难能可贵赞前贤。

张永松(1937—)

安徽无为人。曾在无为县政协工作。芜湖诗词学会会员。

笼中鹩哥

鸟禁樊笼实可哀，天生羽翼翅难开。
林中天使原无罪，巧舌如簧惹祸灾。

周冬秀(1937—)

安徽南陵人。曾在南陵县百货公司、煤矿等单位任职。敬亭山诗词学会、芜湖诗词学会会员。著有《梅苑诗韵》《梅苑诗韵续集》。

文艺下乡

木叶萧萧秋气生，媪翁送艺笑盈盈。
学童列队操场接，皓首欢颜拍手迎。
花伞翩翩歌改革，绣球滚滚颂文明。
归途犹自心头热，他日重来话旧情。

张凌鸿(1938—)

安徽南陵人。1958年任小学教师，后应征入伍，1966年退伍后在党政机关工作至退休。中华诗词学会、芜湖诗词学会、南陵诗词学会会员。

桃花潭泛舟怀李白

潭水清粼源远长，游人荡桨任徜徉。
万家酒店留遗迹，十里桃花疑梦乡。
岸上踏歌传誉美，阁楼诗画刻犹详。
人生得意苦时短，汪李情深千古扬。

王永治(1938—)

安徽南陵人。曾任南陵县台湾事务办公室副主任。芜湖诗词学会会员。

黄果树瀑布

谁决银河跌断崖，恍如织女布机开。
晴空一望无穷碧，骤雨惊雷扑面来。

姚士权(1938—)

安徽繁昌人。曾供职于繁昌钢铁厂。中华诗词学会、安徽太白楼诗词学会、芜湖诗词学会会员。

梦笔峰

巨笔凌空意若何，毫端濡墨蘸春波。
愿君少作趋时赋，要替苍生发浩歌。

满江红·缅怀彭德怀元帅

一代英豪，人中杰，爱民贤哲。催战马，剑指骁勇，斩妖除孽。气贯长虹皆大志，胸怀四海堪高节。为民计，敢谏万言书，呕心血。　红羊乱，遭浩劫，巨星陨，民悲绝。仰丹心铁骨，永辉瑶月。故国沧桑归正道，炎黄历史翻新页。喜龙腾，四化涌春潮，公当悦。

周学东(1938—)

安徽芜湖人。曾任芜湖县六郎桥中学校长、芜湖县统战部长、县政协办公室主任。芜湖县诗书画学会副会长，安徽太白楼诗词学会、芜湖诗词学会会员。

青弋江垂钓有感

胜日驱车弋水滨，好乘闲兴习垂纶。
漫将拙手抛还举，枉对惊鱼吐复吞。
世事因由难自料，人生得失莫相侵。
浮财诱饵拒身外，寡欲清心岂畏贫。

赞于湖居士张孝祥

旷达胸怀贯九州，夜阑剪烛看吴钩。
长淮望断千般怨，洙泗分流万古愁。
皇帝成囚谁误国，宋金和议几时休？
仰天长啸襟袖冷，归隐于湖泪欲流。

唐　虎(1938—)

安徽枞阳人。北京工业大学教授。芜湖诗词学会会员。

十六字令二首

船，湖海汪洋骇浪颠，扬科技，又续郑和篇。
船，华夏宇航始酒泉，中华造，千载梦今圆。

凌秀明(1938—)

安徽巢县人。曾在芜湖县湾沚镇第二小学任教。芜湖县诗书画学会、芜湖诗词学会、安徽太白楼诗词学会会员。

秋　兴

秋深气未寒，清涧水潺潺。黄菊篱边绽，苍山廓外看。

闻香寻桂子，问蟹觅琼餐。枫叶因风舞，欢呈一片丹。

陈品山(1938—)

安徽南陵人。曾任小学校长。芜湖诗词学会会员。

垂　钓

一路清香小道弯，长塘染绿鸟鸣欢。
举杆流水浮标动，移步游鱼觅食贪。
日照茂林山拥翠，风摇修竹色斑斓。
倘佯野荡神陶醉，不钓功名只钓闲。

陈让民(1939—)

安徽芜湖人。曾任中学教师、校长。芜湖诗词学会会员。

天堂寨怀古

天堂寨里颂文公，浩气丹心贯碧空。
誓死如归成大义，炎黄千古仰贞忠。

夜游秦淮河二首

一

十里秦淮古韵多，灯光夜景映清河。
人间正道春常在，沿岸飘来幸福歌。

二

灯光水色若天池，月照秦淮有古诗。
商女不知何处去，如今两岸唱新词。

殷芳虎（1939—）

安徽繁昌人。曾任芜湖汽车轮渡船长。芜湖诗词学会理事，诗书画分会会长。著有《盛世欢歌》等。

九华山

乘风破雾上天台，九朵芙蓉云上栽。
绿瓦红墙钟磬远，八方香客慕名来。

夜　渡

入画轻舟势欲腾，半江明月半江灯。
鸡鸣车笛江边奏，万道霞光迎日升。

登　山

闲撑双杖赭山行，极目江城紫气萦。
谁识个中情趣足，人生步步是攀登。

谢祖才（1939—）

安徽广德人。安徽教育学院中文系毕业，曾任中学教师，《芜湖县志》编辑，安徽太白楼诗词学会理事。

偕友谒青莲祠

谪仙谢世越千年，四海声名更胜前。
巨擘佳章无国界，留芳播誉有渊源。
扎根土壤歌时代，直面人生咏绝篇。

流韵遗风矜不朽，至今犹自主骚坛。

王义生(1939—)

安徽定远人。1964年毕业于安徽大学中文系。曾在芜湖市第十一中学任教。芜湖诗词学会、安徽太白楼诗词学会、南京江南诗词学会会员。著有《百花寓言诗》《红楼夜话》等。

回乡二首

一

昔日草堂原地消，千家万户彩楼高。
窗前遥望虞姬墓，村外汽车过马桥。

二

侄儿创业到天涯，哥嫂家中带小娃。
却怪南风吹白雪，门前五月落槐花。

戏题猿猴

曾与世人同祖先，至今未改旧时颜。
闻言进化需劳作，即日开荒学种田。

王志保(1939—)

安徽含山人。退休前在芜湖市地税局工作。芜湖诗词学会会员。著有《云山晒雾》。

红石山寺庙

山中一寺庙，绿树掩红墙。大殿多寂寞，泥胎少艳光。

平时鸦雀静，偶尔客登堂。异域佛心少，多为主之羊。

【注】

北美基督徒甚多，信佛者少，故寺庙亦少，庙宇中泥塑菩萨更少之又少。

漓江九马山

抛鞍弃辔出天关，笃信前方水草鲜。
血涌四蹄成厚望，只差一步到人间。

许依群(1939—)

原名许万寿，安徽贵池人。1961 年毕业于安徽师范大学数学系，中国人民解放军汽车管理学院教授。

乘船游黄海鸟岛

游客频频抛食饵，群鸥阵阵绕船飞。
世间万物皆如此，利引凡夫竞扎堆。

张远齐(1939—2009)

晚号云盘居士，安徽含山人。定居宣城。曾从事教育和司法行政工作。中华诗词学会会员，曾任安徽太白楼诗词学会常务理事、敬亭山诗词学会常务副会长兼《敬亭山诗词》主编。出版词集《濡须长短句》《濡须长短句续集》《云盘诗钞》。

满庭芳・弋矶山览胜

弋矶山医院缘山临江筑长廊，其间建两亭一塔，彩绘山川人物。居高临下，诚登览之胜境。

飞角欹空，曲栏临水，似悬如坠逶迤。绿杨千缕，樟朴竞高枝。向此凭栏远目，流天际，波渺烟迷。洄漩处、几番怅望，激浪荡胸池。　　熙熙。曾几度、狂沙淘尽，矶石难移。绘千古江山，历代名医。济世华佗仲景，问卿相，谁可相提？牵情是，餐风饮露，枵腹乱蝉嘶。

临江仙·看电视剧《水浒传》

瑟瑟芦花摇水泊，悲歌演唱千年。兴亡成败莫须怜。生民堆白骨，垒起一家天。　　纵使联盟倾宋室，依然秦汉金元。清平世界梦难圆。仙姬追浪子，短楫入湖烟。

鲁可秀(1940—)

安徽繁昌人。曾供职于繁昌县峨桥卫生院。芜湖诗词学会会员。与人合著诗集《十翁唱晚》。

九华山乘缆车

索道横空云汉中，缆车飞越两山通。
幽幽峡谷深千尺，峭壁无根挂九重。

铜山咏

突起山岚亘水东，旧传禅室有仙翁。
冲霄银杏曾栖鹤，入地深潭疑卧龙。
水挂遥峰云蔽日，洞含天籁穴生风。
漫坡遍野修篁翠，仙境蓬莱驻此中。

姚建国(1940—)

安徽芜湖人。芜湖三建公司退休干部。芜湖诗词学会副会长兼秘书长。

芜湖诗词学会荣获4A级社会组织有感

银牌喜伴墨花香，滴翠躬耕赋雅章。
我与诸君齐努力，骚坛有梦御风航。

感 赋

今为秘书长，心底竟生忧。履职何才干，赋诗皆打油。
待人多耿直，处事欠思谋。一副直肠子，几根硬骨头。
诸君多美意，鞭策老黄牛。

康维纲(1940—)

安徽颍上人。长期从事技工教育工作。曾任芜湖诗词学会副秘书长，现为学会顾问。

重游赭山公园

曼妙丛生赭麓前，经年未至美依然。
笙歌并动红潮涌，景点幽深绿影连。
几度沉哀兴旧忆，一帆风顺惜今缘。
置身公共氧吧里，心旷神怡醉欲眠。

江城子·重阳怀人

中秋才过又重阳。满鬓霜。着新装。笑语欢声，一派喜洋洋。社会文明人敬老，翁媪舞，彩旗扬。　唯行我素任徜徉。绕山岗，忆芬芳。触景生情，不禁泪双行。携手联吟成远唱，临绝顶，愈凄凉。

鹧鸪天·游四褟山西云寺

又是秋高气爽时，西云寺里悟禅机。文峰亭上白云远，银杏树旁绿草肥。　　三界奥，九莲微。莲花座下说轮回。饭堂又听钟声响，欲效王播壁上题。

鹧鸪天·怀念

一别香魂万事非，怕看梁上燕双归。泪弹日暮黄昏后，梦逐风前柳絮飞。　　诗脱稿，夜将晞，多情桃李惜相依。卧听帘外三更雨，紧裹卿卿手织衣。

周志豪(1940—)

安徽芜湖人。曾任南京部队前线话剧团学员，芜湖市话剧团演员，芜湖仪表厂车间主任、分厂厂长。芜湖诗词学会常务理事、副秘书长。

浣溪沙·岁月

独步幽怀上小楼，流光飞度逝春秋，繁霜尽染少年头。
极目凭栏江水去，蹉跎岁月欲何求？园中乳燕正啾啾。

春游赭山二首

一

结宅赭山下，红楼隐碧丛。卷帘香扑鼻，花绽满泡桐。

二

东风描碧柳，银露湿衣衫。晨醒莺鸣曲，歌声沸赭山。

周礼秋(1940—)

安徽繁昌人。曾任繁昌县委副书记、政协副主席。芜湖诗词学会会员，繁昌县诗词学会、书画联谊会会员。

谒戴安澜烈士墓

赭岭苍松傲雪霜，坚心铁骨四时昂。
从戎投笔荡妖孽，奋不顾身驱虎狼。
勒马昆仑守边塞，殒身缅北震盟邦。
精忠报国浩歌在，伟烈丰功百世扬。

施正平(1940—)

安徽枞阳人。原芜湖市铝制品厂职教科教师。芜湖诗词学会会员。

和台湾张鹤先生古稀初度原玉

大道之行意不穷，尼山文彩耀西东。
欲回豪放东坡气，试转雄奇弃疾功。
左海鲈鱼思客梦，龙眠玉笋醉春风。
共怜赤子天涯意，待补金瓯话寸衷。

钱履正(1940—)

字秉直，安徽芜湖人。芜湖市卜家店小学高级教师退休。中华诗词学会、全球汉诗学会、安徽太白楼诗词学会会员，芜湖诗词学会副会长、《滴翠诗丛》副主编。

伤幼樟

灵芽墙缝落，力挺出尘来。嫩叶云衫舞，幼枝霄汉怀。
难期春雨润，偏遇雪霜灾。误尔前程者，天公不惜才。

吟农村老人二首

一

灼灼桃红若浪腾，铺金垄亩柳丝青。
庄村青壮城中去，布谷催耕白首撑。

二

四月清和无日闲，家家小犬守门前。
如牛翁媪忙农去，背负童孙手插田。

望海潮·芜湖美

江南形胜，吴头楚尾，鸠兹自古多娇。赭塔晴岚，镜湖细柳，天门烟浪滔滔。树海涌波涛，花山腾细浪。玉砌栏雕。广场雄姿，步行街市尽琼瑶。　　江城着意妖娆，看人歌盛世，溢美今朝。港泊远轮，桥飞天堑，经济翅展情豪。商埠起龙蛟，有高新伟业，前景如操。诵罢清词一曲，余韵入云宵。

童国义(1940—)

安徽芜湖人。芜湖化工厂退休干部。芜湖诗词学会理事、金石分会会长。

谒九华山地藏菩萨二首

一

盛誉东南第一山，阇梨渡海美名传。
何须朝暮焚香拜，最是终身种善田。

二

峰似莲花雾里开，寻奇探胜到蓬莱。
肉身只是金装塑，哪有世间轮转回。

春　雪

雪卷高天白絮迴，泥炉焙酒畅胸怀。
满园桃李无颜色，窗外红梅独自开。

张纯道(1940—)

安徽涡阳人。1965年毕业于合肥师范学院中文系。先后在安徽日报社、安徽省委宣传部等单位工作。1986年起任《文化周报》总编辑直至退休。现为安徽省诗词学会副会长、《炳烛诗书画》主编。

念奴娇·为抗战胜利六十九周年作

睡狮醒了，看芦沟桥畔，雄姿英发。六十九年天地变，无复凄凉霜月。旭日临空，红旗漫卷，历历炎黄血。桑田沧海，望中如画金阙。　　回首甲午风云，更兼七七，倭骑凭陵越。举国挥戈驱虎豹，赢得辉煌时节。亡我之心，今朝又见，安倍妖邪说。射天狼处，禹疆同奋旌钺。

金嗣水(1940—)

安徽无为人，1967年合肥工业大学化工系毕业。曾从事化工、冶金、环保等工作。中华诗词学会、上海诗词学会、芜湖诗词学会会员。著有《闲云吟草》。

镜湖夕照

晶莹玉镜绝纤尘，细柳鹅黄草色深。
烟水楼台明夕照，半湖翡翠半湖金。

秋　兴

几处飘蓬几处家，南窗闲读伴生涯。
浦江潮水催诗韵，大别山泉煮野茶。
尘世惯观能了事，灵台勤拭不容沙。
金风细细吹银发，漫步枫林恋晚霞。

临江仙·故园梦

久别江村千里梦，波光云影澄明。平湖柳岸草青青。荷风凉意送，堤畔捉流萤。　遥忆故园情切切，笛声悠远谁听？良宵闲看一天星。人间千古事，圆缺与阴晴。

满江红·“六五”世界环境日有感

触目惊心，尘霾漫、江河污黑。林木砍、山头光秃，水流土失。满目疮痍生态恶，环球贫病灾荒急。顾眼前、自毁好家园，堪悲泣。　地球小，犹唯一。天地窄，生存迫。要城乡唤起，众心协力。育树封山沙岭绿，清除污染江河碧。兴方舟、鸟语伴花香，儿孙泽。

朱明尚(1940—)

笔名未撇，又名一未，安徽和县人。曾任中学高级教师、中学校长。中华诗词学会、安徽太白楼诗词学会、芜湖诗词学会会员，《繁昌诗词》执行主编。著有《未撇诗词集》。

槐下有感

繁昌县繁阳镇东门、南门和进峨三座桥头一侧，均有双人合抱之老槐树，枝繁叶茂，浓荫蔽日。树下有长凳、座椅，是市民休闲娱乐聊天的场所。

桥头有老槐，似伞大撑开。烈日当空照，清风拂面来。
儿童骑木马，姑嫂绣花鞋。老干搓麻将，夫人抹纸牌。
槐下观风景，河边有看台。双廊景如画[1]，两岸树成排。
玉宇琼楼立，奇花异草栽。恋人同漫步，翁媪共徘徊。
昔日峨溪岸，今朝亮丽街。繁阳争发展，春谷创和谐[2]。

【注】

①双廊：峨溪两岸长廊风景带。

②春谷：繁昌古称。

梅务举(1940—)

安徽南陵人。1965年毕业于合肥师范学院中文系。中学高级教师退休。安徽省炳烛诗社理事，芜湖诗词学会会员，南陵县诗词学会常务理事。著有诗集《梅溪梦影》。

端午吊屈原

凄风苦雨路茫茫，憔悴灵均独彷徨。
伟略兴邦难避险，洁身从事却遭殃。

离骚一曲流芳远，懿德千秋遗爱长。
端午龙舟天下壮，国魂永奠汨罗江。

杨文书(1940—)

安徽五河人。退休前在芜湖市仪表厂工作。芜湖诗词学会会员。

春望

余寒收尽暖长天，放眼江城春色鲜。
细雨才添赭麓翠，微风又送镜湖烟。
江南好忆白居易，春晓花惊孟浩然。
今日风光超远代，此情未逊古人篇。

咏荷

小缸蓄水藕莲栽，翠盖红裳香袭来。
俏不争春偏爱暑，天生丽质远尘埃。

如梦令·松赞

莲洁梅清菊淡，竹韵兰幽桃艳。无可匹青松，头角峥嵘雄健。雄健，雄健，笑傲风云变幻。

王筱童(1940—)

安徽阜阳人。芜湖汽车发动机厂小学教师退休。安徽太白楼诗词学会会员，芜湖诗词学会名誉理事。

庚辰仲春夜半大风无寐有感

今春尘暴任穷凶，几度黄龙卷太空。
走石飞砂侵闽浙，拔苗倒树祸甘蒙。
来如八月钱江涌，去似千军战马从。
大漠南侵缘底事，何时还我绿葱茏。

鹧鸪天·汀溪放歌

竹海茫茫翠接天，泾川处处赛桃源。汪伦故里增游趣，开发汀溪遐迩传。　　山绕水，水环山，峰高林密水潺潺。人乘竹筏随流转，抛却红尘一日仙。

邵庆春(1940—2009)

安徽宿州人。毕业于合肥师范学院，曾任芜湖纺织厂纺织中专语文教师。

〔双调〕新水令·看胡荣华下棋

〔新水令〕不曾闻震天金鼓响，不曾见凌空旌旗扬，但见你挥兵越汉界，立马楚河上。盈尺之地，霎时间化作古战场。

〔驻马听〕兵围九宫，马踩八方，驾长车踏破丛峦叠嶂，挥重炮摧毁深沟高墙，破敌营斩将擒王。棋落处，似江海蓦地里潮涨，卷残云凯歌高扬。

〔沉醉东风〕经几番细较量，历几番风雨狂，十连霸，威名扬，终赢得名满棋坛姓氏香。端的是炉火纯青，恰便似江海凝光。

〔鸳鸯煞〕说你是五星上将，却不见军衔奖章，依然是胸藏甲兵，燮理阴阳，参透了天地玄黄，宇宙洪荒。棋枰上哪常有风清月朗，正需要励精图强。相提携盼后来居上，看人间再出棋王。

高成礼(1941—)

安徽宿州人。曾任交通部第二航务工程局第四工程公司纪委书记。安徽省作家协会会员。

重　逢

苍茫尘海里，白发喜重逢。岁岁花相似，年年人不同。
清风吹野趣，流水逐飘蓬。朋辈今何在？山居信未通。

八声甘州·塞上秋怀

正萧萧落叶乱西风，纤云劲如钩。看丹枫举火，群峰奔赴，万壑争秋。是处黄花不语，默默对清流。但见征鸿起，寄语啾啾。　　漫步登高临远，望雄关险隘，故垒碉楼。聆霜天长号，人喊马咻咻。数千年，王侯事业，遍哀鸿，别恨送离愁。问寥廓，凭谁歌哭，碧血神州？

尘　海

涛声卷地浪淘沙，竞渡群舟未有涯。
司夜腥风吹海立，经天雷雨动悲笳。
潮来潮去难成信，人哭人歌乱似麻。
谁解滩头听落月？闲情独钓夕阳斜。

王守华(1941—)

安徽芜湖人。曾任小学校长。退休后曾被聘任马塘区老年大学常务副校长和芜湖市盲人学校常务副校长。芜湖诗词学会会员。

山庄即景

坦道新铺处处通，绕山傍水似长龙。
野花簇锦禾苗绿，油菜铺金杏雨红。
溪水潺潺鸣翠鸟，农家户户沐春风。
村姑摩托英姿爽，绘入城乡画卷中。

赞芜湖盲校

芜湖盲校自1979年创办以来，培养的盲人毕业生全部就业，改变了大批盲人的命运。2009年5月，该校被评为“全国先进特教学校”，受到教育部、民政部、中国残联的联合表彰。

春风卅载育残苗，桃李千枝分外娇。
播洒光明弘远志，点燃希望照长宵。
丹心有责诚忘我，大爱无疆乐任劳。
造福盲人甘奉献，神州特教树丰标。

刘永义(1941—)

安徽无为人。曾任芜湖市图书馆书记、馆长，副研究馆员。现为芜湖诗词学会副会长。曾担任《芜湖历代诗词》执行主编、《芜湖军事风云》“诗词歌谣篇”主编。

澛港望大江

碧水连天远，澄江入眼前。高楼浮两岸，白鸟绕千船。
沙静轻浪拍，舟闲渔父眠。横空虹彩出，南北一桥牵。

春　日

柔风先着柳，碧水带烟蒙。雨润千山绿，桃含万树红。
骄阳生百态，香气沐群容。胜日寻芳处，无边景色浓。

诗词学会召开老同志新春座谈会感赋

诗坛擎帜瞻耆宿，国粹重吟后效先。
雕琢骚篇挥健笔，传承韵道著云笺。
鬓皤未改初衷意，心静犹怀昔日园。
一席诚言清似水，开流侪辈好乘船。

渡江云·欣闻芜湖评为全国文明城市

新晴吴楚净，暖回弋水，万户闹元宵。更闻嘉讯至，激荡心扉，捧盏尽香醪。多年夙愿，莫负也、圆梦今朝。回首道、倾城凝力，寒暑付辛劳。　　堪骄。千秋古邑，岁月悠悠，问佳期多少？凭眼看、双华并蒂，兴领风骚。文明任重征途远，担铁肩、犹奏箫韶。春正溢、江城涌动花潮。

车勤佩(1941—)

安徽芜湖人。合肥师范学院中文系肄业，从教。全球汉诗总会、安徽太白楼诗词学会会员，芜湖诗词学会理事。

小重山·秋

野鹤闲云暮色秋，红枫扬残叶，不须忧。霜侵万物醉中愁，烟波叟，一醉细双眸。　　明彻过轻舟，寒飞吟桂阁，唱金鸠。人生渴望梦中游，登高处，立志展风流。

祖孔生(1941—)

安徽芜湖人。高级农艺师退休。中华诗词学会、安徽太白楼诗词学会、芜湖诗词学会会员，繁昌诗词学会理事。

浣溪沙·江苏高淳水韵

十里荷花柳护堤，波光帆影画廊低。碧湖千顷接横溪。　　搏浪垂钩钩日月，弄湖抛网网东西。一船鱼蟹一船诗。

仲夏游天门山

野寺凌烟渚，长江绕郭流。波吞晓日影，霞落彩虹遒。
万棹连云碧，群楼沿岸浮。天门怀绝唱，亘古韵千秋。

浣溪沙·采茶女

一路山歌向晚回，烟霞栖鸟漫相陪。红巾翠袖峭崖梅。　　背篓新茶流馥远，柳溪麻鸭伴人归。山村清籁月生辉。

登敬亭山独坐楼

青莲闲坐处，翠岭起危楼。野甸幽花秀，清溪塔影浮。
孤云飘亦聚，众鸟去还留。伫立高吟发，名贤思不休。

丁光涛(1941—)

安徽枞阳人。安徽师范大学物理系教授。曾任芜湖市副市长、市政协副主席、芜湖诗词学会名誉会长。

咏蜡梅

市政协院内有蜡梅,年年花开恰逢政协会期。

小院梅开雪未融,报春焉用蝶和蜂。
冰心玉骨朦胧月,疏影暗香断续风。
绝俗何求尘世外,立身乐在苦寒中。
花期岁岁逢嘉会,笑看红旗舞碧空。

杜甫草堂

溪畔草堂花径深,几人到此不沉吟。
铜驼荆棘孤臣泪,茅屋秋风国士心。

景多亭晚坐

梧桐叶落岁成秋,独坐小亭忆昔游。
唯有多情弓样月,窥人又上树梢头。

水调歌头·世纪日蚀遇雨

乌兔一相会,异象百年奇。神州扬子何幸,明日待辰时。楚楚嫦娥赴阙,煌煌羲和加冕,大圣展神旗。顷刻变昏晓,寰宇亿人期。　　风乍起,云乱滚,雨霏霏。夜空何事变脸,吴楚震惊雷。人有通天算计,天有弄人创意,何必怅依依。蚀也寻常事,隐现笑由之。

洪作鹏(1941—)

安徽芜湖人。小学教师退休。芜湖县两江诗社发起人之一，中华诗词学会、全球汉诗总会、江南诗词学会、安徽太白楼诗词学会、芜湖诗词学会、芜湖县诗书画学会会员。著有《作鹏诗词选》。

山中独坐

群峰竞秀入云空，翠竹青松几万重。
山下传来村犬吠，此身似在武陵中。

朱仕永(1941—)

笔名露也，安徽繁昌人。教育工作者退休。中华诗词学会、安徽太白楼诗词学会、芜湖诗词学会会员，《繁昌诗词》编委。著有诗词集《清平乐》《竹枝》。

沁园春·山乡巨变

十里山川，十里繁华，流彩溢香。看春潮化冻，溪清畴秀；东风送暖，畜旺人康。燕绕高楼，莺鸣翠柳。铁马农田耕作忙。茶岗上，赏翻飞“彩蝶”，采摘芬芳。　田家无限风光，有彩电空调冰镇箱。拨无绳电话，可通世界；豪华“的士”，直达村庄。佩戴金银，身穿西服，食厌荤腥饮忌糖。新风尚，喜无分老少，齐着时装。

戏题老两口拌嘴

良缘共枕半生多，常忆断桥一曲歌。
不使晚年沉寂寂，故挑小衅铸风波。

咏　竹

竹叶摇光碎影筛，招来墨客细勾裁。
虚怀若谷称君子，亮节无私是俊材。
冷月一轮甘寂寞，清风四季畅开怀。
人人都效清廉竹，哪有赃官发黑财。

蝴蝶儿·访友

情谊深，语言亲。此生难得一知音，再寒不冻心。　卌载时非短，回思似昨晨。归田何必论浮沉，夕阳加倍珍。

孙　斌(1941—)

安徽怀远人。芜湖市农工党市委会干部退休。芜湖诗词学会常务理事、《滴翠诗丛》编委，著有诗文集《涂鸦集》《苔花集》《桑榆集》。

春游天门山

天门圣境野云轻，佛地禅音净性情。
翠柳成荫风正暖，细沙冲浪水初平。
香烟绕殿求铜佛，铁塔凌空作凤鸣。
李白吟诗千古唱，人间今日正晴明。

行香子·国庆六十周年大阅兵

飞鸽朝阳，辉映红墙。沐金风，百卉芬芳。齐鸣礼炮，庆典呈祥。看国旗升，军旗舞，彩旗扬。　陈列戎装，银燕翱翔。显神威，国运隆昌。群情激奋，喜泪盈眶。愿母无忧，福无量，寿无疆。

游丰都鬼城有感

天下原无鬼，谁人杜撰成。何须祈来世，自在度今生。
积德能长寿，为仁获誉声。奈何桥上走，影正不心惊。

赵新国(1941—)

安徽巢县人。芜湖地区财政局科长退休。芜湖诗词学会常务理事。

春游寒山寺

一首枫桥夜泊诗，寒山寺小世皆知。
骚人纷至添佳句，香客如云问运机。
渔火江船愁远去，禅房树鸟乐新啼。
试询古刹何称最？百八钟声岁尾时①。

【注】

①每年岁末寒山寺举行听钟活动，钟敲一百零八响正好进入新一年，最为壮观隆重。

七十抒怀

七十回眸感慨多，行程一路倍蹉跎。
沟沟坎坎风华逝，碌碌庸庸壮岁过。
病受三刀难折骨，罪尝五味耻随波。
诗书作伴余年度，故我依然发浩歌。

张宏友(1941—)

安徽芜湖人。当涂县乡教委主任退休。《银诗诗草》主编，《当涂古今吟》副主编。中华诗词学会会员，芜湖诗词学会常务理事，马鞍山诗词学会常务理事。著有《吟砚斋诗草》《当涂黄山古韵》。

晚　步

阡阡草径任徜徉，漫踏蝉声送夕阳。
岸柳带烟明晚照，溪风和月透清凉。
了无案牍劳形苦，便有闲情逸趣长。
最是水乡佳境处，稻花香夹蓼花香。

山中访友不遇

青山隐隐树沉沉，友筑琼楼傍翠岑。
帘卷东风人不见，莺啼桃杏落红深。

登岳阳楼

三湘大地气氤氲，楚塞荆襄九派腾。
衡岳群峰交叠秀，苍梧斑竹二妃情。
范翁两字关天下，杜老五言启后生。
水阔天高人杰地，芙蓉儿女竞鹏程。

夏立人(1941—)

安徽庐江人。曾任中学教师。芜湖诗词学会会员。

暮　秋

雁去桐凋野菊黄，山寒水落露为霜。
芙蓉未解秋光老，笑立枝头着盛装。

胡传宏(1941—)

字石堂，号锦川，安徽六安人。曾任六安行署公安处办公室主任，中共皖西日报社党组书记、副总编。现为中华诗词学会会员、安徽省炳烛诗书画联谊会常务理事暨六安分会会长、安徽太白楼诗词学会常务理事、六安市诗词楹联学会荣誉会长。著有《皖西风韵》《石堂诗词选》等。

登霍山佛子岭

晓阳信步彩云中，翠树琼楼叠破峰。
飞鸟鸣声歌锦瑟，悬崖泻瀑闪霓虹。
红枫渐染秋深浅，黄菊初分色淡浓。
伫看羲和辉大野，谁将油画挂天穹？

登金刚台

拔地耸金刚，春来又化装。鸟喧林破寂，雨霁叶流香。
银瀑飞霞彩，红花染曙光。凌霄开醉眼，信步逛天堂。

皖西大峡谷

峡谷风光绝，生成不计年。一刀开地缝，百步达天边。
叠嶂惊黄鸟，垂帘散白烟。晴光浮峭壁，斑驳色涂丹。

包荫桃(1941—)

安徽庐江人。曾任中学教师。庐江诗词学会常务理事。

与仁兄潜川小聚有怀

一别江城十数年，潜川小聚喜留连。
有惊淑范罹微恙，无怪亲朋枉挂牵。
附耳倾心启后学，骋怀解悟慕时贤。
消忧笃信岐黄术，雪后松筠分外妍。

种 菜 吟

深挖细整汗濡衫，早趁凉风带露翻。
岂是效颦陶处士，但期绿色佐盘餐。

游额尔齐斯河

澄彻逶迤向北流，等闲一去不回头。
柔情也解国人意，愿惠芳邻到海陬。

徐明柳(1941—)

江西东平人。曾任江西省景德镇市雕塑瓷厂职工、分厂厂长、景德镇教育培训中心主任。中华诗词学会会员。著有《品茶斋吟稿》。

云南陆军讲武堂故址

回首风云逾百年，来登故址忆先贤。
空嗟龙战玄黄血，杜宇声中逝若烟。

古街之夜

玉龙山雪白皑皑，游客如云溢九街。
午夜华灯犹焕彩，纳西歌舞动尘埃。

陈及玉(1942—)

安徽无为人。1968年参军，转业后在芜湖发电厂工作至退休。芜湖诗词学会会员。

晤　面

秋来小雨润青松，从菊漫山色艳浓。
亭里人儿初晤面，两情相许不言中。

垂钓观鸟

垂纶河畔水无澜，有鸟飞来栖竹端。
一阵涟漪鱼筏动，怕惊飞鸟不提竿。

凌德寿(1942—)

安徽芜湖人。曾任铁山宾馆、芜湖饭店主任、经理等职。现为芜湖诗词学会理事，诗书画分会常务副会长。

从　军

矢志保边疆，钢枪演练忙。宵巡星月伴，大漠莽苍苍。

赵华田(1942—)

安徽合肥人。从事水文工作四十年。芜湖诗词学会常务理事。

满江红·赞北京奥运

气爽金秋，欣奥运，环旗猎猎。传圣火，水欢山笑，扬眉心悦。此日京都春烂漫，鸟巢乐奏歌圆月。启帷幕，万国骋龙骧，空前绝。　　齐竞技，掌声烈，挥汗水，金牌夺。聚宾朋四海，友谊情热。崛起中华名世界，永抛病弱英姿发。志高远，体苑创丰碑，辉煌页。

姚成柱(1942—)

安徽肥东人。安徽商校毕业，曾在淮南市百货公司、芜湖市油厂工作。1986年参加芜湖诗词学会，先后任副秘书长、秘书长、顾问。著有《诗酒馀生吟稿》。

重游广济寺

重踏山门胜迹寻，当年犹记劫痕深。
莲花座上闻狐语，贝叶楼前寂梵音。
天道循环因种果，人心逆顺古同今。
香烟缭绕鸣钟鼓，又见禅林气象森。

醉花阴·潼关怀古

堪叹历朝骄侈腐，宫阙旋成土。浊酒漫浇愁，击箸悲歌，谁解苍生苦。　　秦齐赵魏燕韩楚，剩九州如故。霸业逐秋风，屈指兴亡，夕照烟霞树。

鹊桥仙·芜湖长江大桥

怒涛万里，岸边怅望，风雨千年古渡。蓝图九阙盼佳音，四十载、朝朝暮暮。　　春波荡漾，潜龙昂首，屹立中江砥柱。车舟上下任穿梭，笑指点、通天大路。

缅怀张恺帆

一身傲骨贯平生，冷对屠刀铁帚横。
不齿佞臣谀圣主，唯怜鹄面赈灾情。
乌纱不改忠贞志，冤狱难摧美政名。
“七字”“三还”成往事①，春秋自有董狐评。

【注】

①“七字”：张恺帆当时被错定罪名为“反党反社会主义”。“三还”：吃饭还原、房屋还原、自留地还原。

王庆农(1942—)

江苏泰县人。江苏省溱潼中学教师。扬州市诗词学会理事。

红　烛

长夜为君伴，春风入绛帏。满腔融热血，点滴化光辉。
赤胆常相照，素心终不违。金鸡催曙色，我自悄然归。

咏　蝉

聒耳狂鸣未肯收，惯从深树诩娇喉。
谈风不识冰和雪，说露唯知夏与秋。
酣梦槐柯犹恐坠，轻飞柳絮每相投。
微虫爱奏高音调，翳叶谁怀天下忧。

刘　旭(1942—)

安徽桐城人。曾任芜湖市凤凰造漆厂中医师。芜湖诗词学会会员。

重读《天安门诗钞》

触目郊原凛冽霜，清商更不假群芳。
西风落叶长安满，血泪吟骚楚客狂。
消息传来扬赤县，天机泄后透春光。
乾坤旋转豪情在，今日重温贝叶香。

蔡德盛(1942—)

江苏武进人。曾任安徽芜湖市政协副秘书长。芜湖诗词学会会员。

咏曹姑洲过江电缆

东去大江翻雪浪，西梁山顶白云飞。
曹姑乐奏迎春曲，万米琴弦架翠微。

张继鹏(1942—)

笔名大鹏，江苏新沂人。高级政工师。曾任中共新沂市宣传部副部长、新沂市报社总编辑。中华诗词学会会员，新沂市诗词协会会长。著有诗集《乡音袅袅》《大鹏诗集》等。

望台湾

凭栏极目岛孤悬，浊浪排空思万千。
两岸隔离三百里，万家相盼几多年。
风吹雾海云齐散，雨过晴空月自圆。
时代更新嫌应释，炎黄后裔共婵娟。

林泽慧(1942—)

女，安徽合肥人。小学教师退休。中华诗词学会、安徽省诗词学会、庐州诗词学会、安徽省炳烛诗书画联谊会会员。

登黄鹤楼

梦系神州到楚襄，凭栏何止恋秋阳。
纵攀六转云天现，横眺八方汉水茫。
芳草有情温旧梦，晴川着意换新装。
崔郎去后诗如海，流韵烟波引兴长。

张先明(1942—)

笔名常鉴，安徽无为人。曾从事教育和医疗工作。中华诗词学会、芜湖诗词学会会员，无为县诗词学会副会长、《友声吟集》副主编。著有《常鉴吟草》。

春日山中小住

朝临溪水暮观山，小住山中乐等闲。
石长苔痕凭玉漱，松添鹤影伴鹰旋。
穿云樵子担柴下，踏露村姑采茶还。
天染红霞沉落日，一钩新月钓林间。

梁国钧(1943—)

江西临川人。郎溪县人大常委会退休干部。中华诗词学会、安徽省诗词学会、安徽太白楼诗词学会会员，芜湖诗词学会理事，郎溪诗词学会副会长、秘书长、副主编。著有诗词曲联专集《人间晚晴》《寸草春晖》。

祝贺郎溪诗词学会成立十周年

一秩吟旌聚众贤，耕耘翰苑百花妍。
逢春枯木新姿展，沐露人生雅兴添。
十辑华章随世运，八方联谊结诗缘。
郎川大地风骚盛，薪火传承别有天。

醉红妆·九溪十八涧山水

九溪涧水碧泠泠，入幽径，拥翠青。天高气爽夹风清。钟远响，外空听。　　山回路转看崚嶒。龙井岭，虎溪亭。泉石争鸣频奏乐，山水动，抚琴筝。

俞学玉(1943—)

安徽繁昌人。芜湖市三山区干部退休。芜湖诗词学会会员。曾主编《三华情韵》，著有诗集《醉玉壶》《中秋月》。

浮山水电站感赋

浮岳峰头迎日来，洞门隐玉锁云雷。
回眸镜泊两潭酒，欲与秋仙共举杯。

太平湖漫吟

绿水青山醉太平，细波微雨竹风馨。
江南天漏一潭酒，一曲踏歌别有情。

陶辛水韵

陶辛水韵月为琴，小渡轻舟风伴吟。
莲女招摇荷当帽，香湖岛上鸟钻林。

王秀华(1943—)

女，安徽芜湖人。中国工商银行芜湖分行退休干部。安徽太白楼诗词学会、芜湖诗词学会会员。

浪淘沙·游鸠兹广场

鸠塑镜湖边。展翅翩跹。波光柳影接仙源。入夜彩灯齐闪烁，辉映长天。　　孩子戏喷泉。妙趣频添。如潮游客赞时贤。美景还凭人爱惜，重任担肩。

西江月·芜湖凤凰美食街

味集湘川浙皖，名厨各领风骚。火锅麻竦美佳肴。特色煎烧炖烤。　　入夜霓虹闪烁，车来客往如潮。八方珠履喜相邀，餐位时常紧俏。

水调歌头·思念

又值中秋夜，不禁泪沾襟，家家喜庆团聚，唯我独孤身。整日精神恍惚，全赖诗书作伴，读罢已三更。寂寞对灯影，长夜冷清清。　　四十年，心相印，一朝分。宛如刀割，肝肠寸断泣无声。遥想魂游天外，也应朝思暮想，空有泪纷纷。倘若有来世，仍愿伴夫君。

吴鸿礼(1943—)

安徽肥东人。曾任芜湖造船厂职工医院中医、中药司药。芜湖诗词学会会员。

忆江口故居

双江汇合界平沙，绿水门前是我家。
一片芦洲翻白浪，几行桃树绽红花。
思甜今日茶烟酒，忆昔当年酱醋茶。
古塔凌空明夕照，沿堤信步乐无涯。

陈为钰(1943—)

安徽庐江人。安徽省庐江县晨光中学退休教师。庐江诗词楹联学会常务理事、副秘书长，《庐江诗词》编委。

九月登山

去年南岭约，今日北峰临。五老身犹健，三秋景亦新。
黄花怜鹤友，红叶动诗心。重九多佳句，时明四季春。

陶子德(1943—)

安徽芜湖人。1965年参军入伍，1984年转业后曾任芜湖市建材局纪委干部。安徽省炳烛诗书画联谊会、芜湖诗词学会会员。

过滴翠轩

滴翠轩窗览画屏，扶枝放眼满山青。

钟敲寒寺声犹脆，菊润繁霜气更馨。
山谷书香留胜迹，于湖翰墨灿魁星。
诗魂千载归何处？日暮空余风满庭。

薛良椿(1944—)

安徽合肥人。1966年安徽师范大学本科毕业，退休干部。中华诗词学会、安徽太白楼诗词学会会员，芜湖诗词学会常务理事。

满庭芳·雨中游芜湖北陶官巷

雾罩烟弥，谁人泼墨，远景如画氤氲？北陶官巷，清水绕孤村。疑入桃源幻境，挪缓步，若驾轻云。知来客，娇颜羞掩，端的是何因？　　真神，霏雨住，伊容毕现，深巷重门。看华院新楼，紧傍溪滨。蓦地莺啼何处？又闻得，桂气频频。丝绦下，寻寻觅觅，陈迹也无痕。

王端美(1944—)

女，山东泰安人。原山东省话剧团学员。曾在芜湖市曲剧团、芜湖市新芜区夜校、芜湖市锅炉厂工作。芜湖诗词学会会员。

回济南

趵突泉深情意重，大明湖畔柳依然。
离家少小为生计，老大寻亲相见难。

七夕有感

银篙一划浪如山，隔岸双星望眼穿。
今夕牛郎欣有渡，天庭团聚驾飞船。

高　歌(1944—)

安徽无为人。退休教师。铜陵市诗词学会常务理事，《五松山诗词》编委。

清　明

松柏盈冈君独来，白烟细雨笼坟台。
鹃花不解凄凉意，此日年年并蒂开。

赞环卫工人

短帚长车上阵齐，晨曦初露桔黄衣。
大街席卷风中叶，曲巷铲除雨后泥。
冷眼伶仃音瑟瑟，残渣没落影凄凄。
喜看城市新鲜景，笑傲风霜染鬓丝。

赞铜陵巾帼十老书画展

莫道女儿娇，春光信手描。玲珑天井月，雄伟大江桥。
睿鹤丹青梦，豪情瀚海潮。秋山红叶灿，喜唱夕阳谣。

杏花村谒杜牧像

寻诗百里到池州，笔下江南境界幽。
惯见清明时节雨，牧之歌咏便千秋。

蒋闽平(1944—)

安徽南陵人。芜湖诗词学会理事、楹联分会会长。《奎潭秋韵》(南陵许镇老年学校校刊)主编。著有《奎潭三稀吟》(合著)、《十翁唱晚》(合著)、《许镇史话》。

印度洋空中所见

翱翔万米擦云肩，云似莲花海似天。
环视四周青碧色，翠螺岛屿隐其间。

秋　情

少年意气与春争，难忘当年月下耕。
老迈仍亲青草色，杖筇还向垄头行。

菩萨蛮·三山光伏太阳能发电

漫山遍野鱼鳞片，接收能量转成电。人类要生存，朝天把手伸。　谋求长久计，仰仗高科技。海阔任鱼游，今人大智谋。

胡合文(1944—)

安徽无为人。曾在芜湖市红旗晒图社工作。芜湖诗词学会会员。

韩　信

既然逐鹿同兴汉，何事居功欲据齐。
可奈知兵难识命，未央宫里草萋萋。

谢　安

淝水桥边闻鹤唳，八公草木任风吹。
东山雅量论才业，一世功名半局棋。

明剑舟(1944—)

陕西汉中人。毕业于汉中大学。新疆诗词学会理事，乌鲁木齐诗词楹联家协会常务理事，芜湖诗词学会会员。

水调歌头·谒李清照纪念堂

漱玉清泉畔，故宅柳毵毵。霓裳耸髻婷立，颦蹙碧云天。国破家亡南渡，凄雁孤飞北返，雨骤夜风寒。人比黄花瘦，残酒醉阑干。　红颜泪，鲲鹏志，赋华笺。阳春白雪，金石录序雅词娴。泣鬼惊天女杰，婉约遗风绮丽，浩气誓冲冠。巾帼芳魂邈，警语不输男！

王友兴(1944—)

安徽繁昌人。中学教师退休。安徽太白楼诗词学会、芜湖诗词学会会员。

老牛吟

城南河滩，常有牛群，数时增减。日以长绳系之啃草，雨雪夜则移之桥渡，人曰，此牛来自山区，甚远，老瘦价低；然其肉口感好于菜牛，故售价高。屠夫买而屯之，随牵宰卖，月销数十头，获巨利。

耙地犁田腹半饥，歇耕贱卖死临期。
河滩有草无心啃，桥渡无眠有夜思。
颈破皮穿中岁苦，形销骨瘦老年凄。
精神虽被人称赞，滋味个中唯自知。

游马仁山

三月春深柳絮飘，马仁览胜乐陶陶。
摩天一壁钢刀劈，拔地群峰碧玉雕。
漏月洞中惊漏月，双猫石下叹双猫。

敲诗酌句寻佳处，木秀楠林山半腰。

胡璧君(1944—2012)

女，安徽祁门人。退休前在芜湖市人民印刷厂工作。芜湖诗词学会会员。

秋蕊香·咏菊

黄菊霜枝香透，队队游人相候。花丛里面芸窗后，初上华灯如昼。　　龙须凤爪情如酒，相依就。千年传唱风霜斗，秋蕊消魂依旧。

卫声才(1944—)

安徽无为人。中学高级教师退休。

校园秋夜

写罢眉批写总批，已闻乡野报更鸡。
阶前竹叶凝清露，楼畔疏星映小溪。

退休后，某春日作

溪头细草碧如丝，又是春耕春种时。
昨梦园中灌桃李，春风笑我好情痴。

生查子·晚行无城凤河北路

随柳傍花行，人在丹青里。灯灿若繁星，车走如流水。　　谁信一年前，兔窜蓬蒿底。鬼斧运神工，拔地新城起。

李学槐(1945—)

安徽芜湖人。芜湖市第三中学退休教师。芜湖诗词学会常务理事,《滴翠诗丛》编委。

有　忆

曾育黟山桃李妍,相看岭树白云连。
松风随雨萦窗外,月色如烟在眼前。
家隔行程千里路,屋旁村舍小畦田。
谁怜时起思乡意,一盏油灯展信笺。

满江红·芜湖玩鞭亭

七彩金鞭,无处见,却留佳话。有游客,来观古迹,乐消闲假。百顷汀棠传野史,一汪烟水描图画。想当时,舍宝计逃生,真天价。　机智敏,危机化;少帝逸,贼兵岔。幸湿地投林,孤舟迎驾。千载美谈词赋秀,今时吟咏鞭亭雅。笑此间,春色更迷蒙,人情洽。

满江红·芜湖天门山怀古

绝壁如门,山对峙,倚天千尺。回流涌,楚潮拍岸,吴川深碧。芳甸绕来春水满,孤帆远去霞云接。峭岩静,双髻黛娥眉,含情立。　铜佛笑,看今昔;谪仙赏,留词笔。想当年白也,进帆何激。抱负空余狂饮酒,遗传绝唱堪无匹。领风骚,胜景有诗彰,山添色。

沈汝葆(1945—)

安徽无为人。曾在商业部门任职。中华诗词学会、江南诗词学会会员，无为县诗词学会副会长、《友声吟集》主编。著有诗集《听松斋吟草》。

遣　兴

底事年来远市尘，始知神马本浮云。
洗缨自有清溪水，驱暑无妨紫竹林。
一册春秋堪醒目，半囊李杜足消魂。
人生即或如朝露，也应晶莹不负晨。

祭陶光公

磨就铮铮铁骨身，横眉振臂扫嚣尘。
椎心沥血哀黎庶，拍案挥毫斥鬼神。
陋室从无名利客，骚坛自有鹳鹅军。①
如歌如泣汨罗水，也似南巢祭哲人！

【注】

①苏轼《会客有美堂周邠长官与数僧同泛湖往北山湖中闻堂上歌笑声以诗见寄因和二首时周有服》：“僧侣且陪香火社，诗坛欲敛鹳鹅军。”

归去来堂前怀于湖居士

仰名有幸步陶塘，岚影波光若画廊。
绿柳摇风曾拂面，红莲浥露尚余香。
一腔忠愤呼嗟激，半壁偏安抱恨长。
公去虽遥吾辈在，待磨神剑固尧疆！

孙从远(1945—)

江苏睢宁人。曾任安徽工程大学教授、系党总支书记。芜湖诗词学会顾问。

采桑子·谒陈独秀墓

陈年旧事何能忘。独露锋芒。秀逾群芳。墓草萋萋暗蕴香。　　国家有难三因系，人若冰霜。敬汝冰霜。扫尽浮云明月光。

忆江南

花甲后，总算暂消停。成败是非均淡定，沉浮毁誉已从容，一任笑谈中。

写　梅

李方膺《题画梅》云："写梅未必合时宜，莫怪花前落墨迟。触目横斜千万朵，赏心只有两三枝。"读罢步韵。

含香吐艳总相宜，莫待花凋扼腕迟。
自在横斜归造化，可人何止两三枝。

苏艺林(1945—)

安徽芜湖人。曾任小学教师、中学校长等职。中华诗词学会、芜湖市诗词学会、芜湖县诗书画学会、全球汉诗总会会员。

新农民

小楼坐落彩云间，生态大棚蔬果鲜。
点击鼠标成买卖，闲聊股市话丰年。

刘　振(1945—)

号桃霞居士，安徽枞阳人。毕业于安徽师范大学，从教近三十年。中华诗词学会会员，中华诗词文化研究所研究员。著有诗词《枕流集》(五卷)。

悼罗阳

领土当然领海空，国门壮阔走英雄。
一从甲午风云后，百载丁年烽火中。
堪惜奇葩多早谢，应悲谥号总迟封。
但教流血不流泪，记取杜鹃滴滴红。

晚　步

闲步寻芳看紫薇，桂香不用晚风吹。
树荫葱密蝉声细，水面清平山色垂。
几处棉农筐白絮，一时岭表被霞辉。
遥知此际城居者，当在歌厅或酒帷！

郭　彬(1945—)

安徽庐江人。安徽太白楼诗词学会、安庆诗词学会会员，安庆市老年诗词楹联研究会秘书长。

游　园

休言古皖俚音陈，桑梓菱湖气象新。
缕缕柳丝垂绿帐，粼粼池水涤红尘。
游园可赏《天仙配》，舞剑能听《虞美人》。
直到夜深声渐远，飞临苍昊绕银轮。

咏　箸

禀性刚柔有节身，不贪荣富不嫌贫。

华楼比翼陪佳宴，陋室并肩迎贵宾。
苦辣酸咸留自己，鸡鱼肉蛋奉他人。
安能睥睨黄皮筷，横竖席间堪顶门。

【注】

民间俗语“石滚抵不住门，黄皮筷能撑住门”。意在席桌上可以平衡人际关系，解决矛盾。

王业霖(1946—1998)

江苏江都人。曾在芜湖市政协工作。曾任芜湖诗词学会副秘书长兼《滴翠诗丛》编委，安徽省诗词学会理事，中华诗词学会会员。

文化市场竹枝词二首

一

文章如土欲何之？无奈此情难为词。
所恨芳林寥落甚，纯文学遇倒楣时。

二

洞庭木落楚天高，怨女痴男爱逐潮。
有泪不弹家国恨，销魂只会拜琼瑶。

小　园

小园着意贮晴光，秀色生机入画囊。
春柿星芽勾石绿，秋桐珠实点藤黄。

水调歌头·长征号运载火箭发射成功

天作穹庐盖，覆我几千秋。个中多少奥妙，谁可溯从头？身系鲲鹏一羽，心鹜逍遥八极，痴梦说庄周。槎发君平渡，星犯独孤舟。　　拭明月，拓霄汉，共登楼。今朝又见，西昌火箭漫天游。易曰乾坤已定，诗云钟鼓齐乐，四海颂神州。天阔长征路，人物尽风流。

曹宝麟(1946—)

上海市人。北京大学中文系研究生毕业，当代著名书法家。曾任安徽师范大学语言研究所研究员、暨南大学教授，安徽省书法家协会副主席、中国书法家协会学术委员，芜湖诗词学会会员。

临池吟

今日才临苏，明日还学米。今日复明日，对此二公喜。
神游遗迹间，高山空仰止。未见陶冶苦，徒见成功美。
海岳素宝晋，晚纳平原轨。东坡同承颜，终近杨疯子。
落墨何凝重，忠厚相表里。岂若襄阳老，傲岸作雄视。
下笔流激电，字字欲飞起。言之为心声，书也因一理。
茫茫千载内，步尘亦多矣。乃悟学于用，须如盐着水。
区区论形骸，何啻失千里。不仅得其髓，融化方是己。
食古善变通，堪建一家体。我愧二公后，才力讵足比。
辛勤或补拙，此语良有以。潜心十余载，写尽数箱纸。
劬劳昼少暇，焚膏更继晷。不敢一日闲，蹉跎吾所耻。
并矜笔聚冢，已觉胼生指。乐此故忘疲，矢志追先履。
蹈矩当择从，慎终宜如始。不向此中生，定于其间死。
邅回非厥忧，忧在无成耳。

刘表位(1946—)

安徽繁昌人。曾任繁昌县人大常委会副主任。中华诗词学会会员，安徽省诗词学会副会长，芜湖诗词学会副会长，繁昌诗词学会会长、《繁昌诗词》主编。著有《江澜吟草》。

下扬州

黄花有约下扬州，乘兴携妻一畅游。
西子柔情风骨瘦，红桥叶韵古今幽。
垂杨拂水五亭角，丝竹萦声御码头。
莫道烟花三月醉，应输景色艳阳秋。

鹧鸪天·谒成都武侯祠

万马千军视等闲，纶巾羽扇自悠然。三分天下纡谋略，六出祁山献胆肝。　　才德备、智勇兼，鞠躬尽瘁感坤乾。如今到此躬参谒，指望江山月更圆。

临江仙·春意赠友人

山径冰消泥暖，芳郊草长莺啼。柳生细浪着人迷。催春青杏醒，送腊老梅痴。　　记得当年雅聚，曾邀即席题诗。满怀心字复谁知。君行如梦令，我赋宴瑶池。

吴在庆(1946—)

福建厦门人。厦门大学中文系教授、博士生导师。厦门市诗词学会理事。出版学术著作二十多部，著有诗文集《听涛斋雪泥鸿爪集》等。

游日月潭

潭边清朗醉春光，半日闲来茶饼香。
忽忆西湖十载事，不同唯有柳花狂。

交河故城

驿道城防已颓残，骄阳依旧照山峦。
可怜一片婴儿墓，指点游人忍泪看！

玉门远眺

怅望茫茫戈壁间，不闻杨柳亦无山。
春风不度白云处，唯有黄沙未见关。

张宏树(1946—)

安徽繁昌人。中华诗词学会、芜湖诗词学会会员，芜湖市作协会员，繁昌诗词学会副会长。著有新诗集《生命与阳光》、诗文集《三叶草》。

赴泾川途中遇雨

熟路轻车沐惠风，重山叠翠景难同。
忽来一阵太阳雨，洗亮泾川远近峰。

题舍前小溪

当年溪水碧油油，白鹭低飞鱼浅游。
远眺青山衔紫霭，近观麦浪涌平畴。
小城一夜商风劲，绿野三天大厦稠。
幸好前年栽玉笋，方留荷蕊慰明眸。

胡业铭(1946—)

安徽含山人。曾任中学教导主任、校长。中华诗词学会会员，广东中华诗词学会理事，罗湖诗词学会会长。著有诗词集《山籁诗草》。

八达岭长城即景

莽莽幽燕一望收，兴怀纵目骋神游。
蜿蜒峻岭飞奔马，澎湃烟云绕箭楼。
李益诗章留石碣，于谦伟烈镌春秋。
瓮城遗迹依稀见，旷古风云叹不休。

一剪梅·元旦赠方克逸先生

爆竹声中意万千，聚会今天，憧憬明天。百花烂漫水潺湲，已赋佳篇，再创宏篇。　　几载诗坛深结缘，重任在肩，切莫息肩。驰驱探赜共骈阗，酣醉新年，相约余年。

李应祥(1946—)

安徽无为人。退休前从事镇广播站工作。

西江月·采菱

人比芙蓉娇艳，舟如柳叶轻盈，桨声欸乃浪花生，惊起湖鸥阵阵。　　勃勃英姿临水，纤纤玉手采菱，满舱归去绿杨津，但有渔歌相应。

孙禹华(1946—)

女，安徽太平人。芜湖市化轻公司干部退休。芜湖诗词学会名誉理事。

菊

飒飒西风起，潇潇落叶黄。谁家庭院里，吐蕊竞芬芳？
沐雨根犹健，经霜花更香。众芳唯尔艳，笑语慰重阳。

沈光金(1946—)

安徽芜湖人。曾任安徽省血防所主任医师。芜湖诗词学会会员。

秋日兴怀

露白荷残仲月时，木樨欲放蕴青枝。
花开叶落随天了，夏去秋来怨节迟。
梦里南飞怜燕雁，书中聊读醉诗词。
人生也若轮回月，信厚禅心佛有知。

新年和友人之《初雪有寄》

好梦无稽岁月迁，随心游墨戏云烟。
穷通孰至难从己，雨雪谁知不问天。
尘事纷繁皈佛法，情怀雅澹伴诗篇。
登临独语栏拍遍，诩志徒然叹暮年。

沈　园

断肠何必沈园中，失伴凄凉哭放翁。
愁绪长萦情独薄，山盟虽在恨孤终。
春来柳暗无颜色，梦里妆新有泪容。
几度闲池花落落，稽山寻觅旧惊鸿。

黄素平(1946—)

女，江苏江都人。退休前在中国工商银行芜湖分行工作。芜湖诗词学会会员。

清平乐·天安门前观看升国旗

春风拂晓，各路人行早。喜待升旗皆静悄，京邑晨光最好。　凝神仰望东方，一轮喷薄朝阳。仰看五星旗拂，歌声响彻穹苍。

王业记(1947—)

字雁阳，安徽岳西人。安徽太白楼诗词学会会员，岳西县作协特邀理事、《岳西诗词》主编。著有诗词集《听雨庐诗词》。

冬日客馆遣怀

窗含枯积半林隈，竹外松间见早梅。
碗茗炉烟清自得，好书良友去难来。
繁霜已履宾鸿迹，残菊犹存浊酒杯。
庾信暮年歌远别，问今谁个济时才？

甲午新正赴济生兄家宴和其自咏诗

底事琼卮客里过，梅边诗思莫蹉跎。
衙前河畔春风暖，白社林中旧雨多。
高格书来倾北国，大江流去唱东坡。
与君一席裁新韵，信有兰亭字换鹅。

刘富强(1947—)

安徽望江人。退休前曾任望江县图书馆馆长。芜湖诗词学会会员。

踏莎行・乡曲

沸鼎人潮，闹台锣鼓，扶娘带子怀婴乳。老梅林外唱黄梅，红伶尽是村间女。　　雏燕穿花，嫩莺歌树，台前傲煞新盟侣。莫云俚曲远时风，乡中狮子乡中舞。

临江仙・观耍猴

囚得山中灵怪，挈来市上招摇，锣喧犬吠变新招。行人墙立处，喜气溢眉梢。　　施展腾挪伎俩，学成束带衣袍，人模人样弄枪刀。奈何筋骨软，桎梏却难逃。

采桑子・山居

山中岁月忙中度，晴里分秧，雨里栽秧。家家鞍马挟茶香。　　怡人春向忙中尽，写尽山光，占尽春光。棉陇思青麦思黄。

青玉案・次汤家畈

松岗细草红泥路，偶问径，稍延驻。试记陈年谋食处。阡田似旧，山庄无故，遍地东风度。　　诗人里近声名著。坐拥杏林云雨布。蔗境忘年添好绪。不干尘务，不伤迟暮，只占烟霞趣。

梁明泰(1947—)

河南南阳人。定居无锡，已退休。中华诗词学会会员，中国毛泽东诗词研究会会员。

大漠秋韵

谁言大漠尽沙丘，额济纳旗别样秋。
满目胡杨如锦绣，千年不死竞风流。

残荷筛月

雨打风摧遍是伤，苍天着意受凄凉。
当年似伞今如网，幸有鱼嬉筛月光。

潘自珍(1947—)

女，湖北浠水人。退休教师。中华诗词学会会员，黄石西塞山诗社副社长。合著有《真情集》《同心集》《相濡集》。

踏莎行·大别山桃花源

古寨天堂，山中幽境，清溪环碧桃花映。松间沙路净无泥，泉池漾漾飞天镜。　遍野桑麻，丰收佳景，渔樵互答饶清兴。农家酒熟聚亲朋，开怀畅饮思陶令。

重游南京

三生石上结心盟，历尽艰难情更贞。
白鹭洲头寻旧梦，莫愁湖畔赋新声。

紫金山麓春花灿，玄武湖边岸柳荣。
且喜夕阳无限好，晚霞鸥鹭伴归程。

登镇江北固山

北固楼前寻旧迹，祭江亭上揽江天。
六朝多少兴亡事，唯有桃花似昔年。

徐德明(1947—)

安徽宣城人。曾任宣城教育学院、职业技术学院副院长。中华诗词学会会员，敬亭山诗词学会副会长。著有诗集《白水闲草》《白水闲草续集》，诗词教材《古典诗词写作指导》。

偶　得

人生知己床前月，尘世高朋架上书。
名利风流难媚我，冰心铁笔写真吾。

星　汉(1947—)

字浩之，山东东阿人。新疆师范大学中文系毕业后留校任教。现为新疆师范大学文学院教授，中华诗词学会副会长，新疆诗词学会常务副会长。著有诗词著作《天山东望集》《新风集——中国当代名家线装诗集·星汉卷》等。

大河唐城

蒲类千年路，飞云送大唐。雪山鹰翅远，春野马蹄香。

兵气留残壁，诗风漫夕阳。我来犹自许，步武骆宾王。

木垒河水库

大坝拦苍莽，岚光聚一湖。峡开飞白浪，风落扫黄芦。
客梦频来往，诗魂似有无。残阳已沉醉，犹待雪山扶。

癸巳春游巴里坤黑沟

风景却如我，藏春待品题。胸怀先滤水，诗句不沾泥。
雪色穿山骨，泉声绕马蹄。青云来脚下，疑是上天梯。

重游回雁峰寄楣卿西域

残照西风过眼寒，天情一路白云间。
深秋我似南飞雁，犹自回头望雪山。

参观陈宝箴陈三立故居感赋

凤竹堂中记本初，祖先上数是耕夫。
路通红日牵胆略，屋倚青山入画图。
四海百年文墨远，一门五杰古今无。
回家说与儿孙辈，莫为清贫便服输。

金友鑫(1948—)

安徽南陵人。退休教师。芜湖诗词学会会员。

南歌子・悼赵士行君

惊悉辞尘去，哀吟送鹤游。人生匆促若川流，四十余年往事涌心头。　　初出茅庐日，常登请益楼。培桃育李满山丘，亦友亦师情谊缅悠悠。

沃新农(1948—)

安徽繁昌人。高级中学教师退休。芜湖诗词学会会员。

过杏花村

今春路过杏花村，酒店门庭渐冷清。
近日东风吹得紧，残花又落两三成。

采红菱

妹摘红菱砸岸边，情郎捧接嚼鲜甜。
阵风吹散云头雨，日照池塘跃鲤鲢。

蝶恋花·相亲

心跳怦怦偷眼注。羞面桃花，跟上茶楼去。阿妹属羊郎属兔，亲亲热热倾心诉。　　一见钟情如旧故。惜别依依，欲走还停步。目送娇娥河柳路，花裙影尽无寻处。

谢业勤(1948—)

安徽铜陵人。初中教师退休。中华诗词学会会员，铜陵市诗词学会常务理事，《五松山诗词》编委。著有《江花集》等。

登池州翠微亭，次杜牧韵

人声惊得鸟儿飞，登上峰巅倚翠微。
想见鄂王乘兴至，如闻刺史踏歌归。

三秋稻菽呈金色，一片烟林沐晚晖。
胜地重来生感慨，清风有意拂吾衣。

周啸天(1948—)

号欣托，四川渠县人。四川大学文学与新闻学院教授，安徽师范大学中国诗学研究中心研究员，中华诗词学会副会长，第六届鲁迅文学奖诗歌奖得主。著有《绝句诗史》《诗词创作十日谈》《将进茶——周啸天诗词选》等。

苏幕遮·上青藏

及良辰，将胜友。与子偕行，与子偕行久。小别重逢一握手。唐古拉山，唐古拉山口。　镜湖平，阴岭秀。雪积云端，雪积云端厚。好客人家处处有。熟了青稞，熟了青稞酒。

行香子·塔尔寺

户有香茶，邻有娇娃。爱风流、一品袈裟。望穿秋水，不愿还家。想乔达摩，梁武帝，宗喀巴。　朝霞堆绣，壁画当衙。话当初、枉自嗟呀。披红着紫，偏宜喇嘛。问骆驼草，菩提树，酥油花。

【注】

壁画、堆绣、酥油花被称为塔尔寺三绝。

行香子·印象高原

影已离乡，心向天堂。转经筒、百转回肠。天蓝云白，隆达飘扬。有火之红，水之绿，土之黄。[①]　风过湖面，人上山梁。等身头、四季糇粮。弥空幄帐，遍地牧场。点野耗牛，大青马，藏羚羊。

【注】

①隆达即经幡，一称风马，上印经文。有蓝、白、红、绿、黄五色，象天、云、火、水、土五行。旗飘一次，相当于念经一次。

钗头凤·林芝作

昆仑雪，平湖月，高原偏宜清秋节。江[①]流广，藏歌朗。在巴松措[②]，吸林芝氧。爽，爽，爽。　　既收割，人神悦，逢逢傩舞未销歇。空阶响，隔靴痒。几时鸿雁，与君同往。想，想，想。

【注】

①江：指雅鲁藏布江。

②巴松措：又名错高湖，藏语意为“绿色的水”。

惠国胜(1948—)

河北顺平人。曾任共青团芜湖市委书记、第十一届团中央委员，中共芜湖市委常委、市委秘书长，南陵县委书记、芜湖市委政法委书记，皖南医学院党委书记，芜湖诗词学会会长、名誉会长。著有《惠国胜诗词集》。

临江仙·自北京归芜前有感

莺啭枝头声伴舞，清溪流到小湾。风情无限在人间。雄心图建树、而立怎能闲？　　追梦当年空自喜，胸中卷起狂澜。前途可望重肩担，南归终有路，明月伴吾还。

小重山·赠纪才弟

烟雨墩旁柳正柔，镜湖萧管夜、忆同游。无边天际嵌银钩。怀君日，万念涌心头。　　春景却如秋，香山林隐处、有人愁。永定河水贯城流。赏心事、更上望江楼。

赠金庭柏同志

我住青山街，君住教堂路。[1]鸿雁常传书，竟夕春风度。
庙堂虽然高，难免终身误。应在夕阳下，共栽常青树。

【注】

①作者家住芜湖市青山街，金庭柏同志家住安庆市教堂路。

冬至祭亲

冬至祭亲晓露寒，沉沉心绪念慈颜。
墓边松柏低垂首，碑上铭文高映天。
父母唤儿犹在耳，爹娘见我到何年。
两行热泪情难禁，一对石狮默无言。

张本应(1948—)

安徽庐江人。部队转业后从事公安工作，任派出所所长等职。中华诗词学会会员，庐江诗词学会常务副会长。

雨水节恰雨

似解黎元意，平添节令亲。东风轻渡绿，夜雨暗浇春。
乍看方疑巧，深思乃近仁。山茶偷一蕾，归共蠹斋新。

清明祭抗日无名烈士墓

浩然当重死，仁者不偷生。苟以全家国，何妨失姓名。
招魂天堕泪，诵诔地吞声。一束青刍罢，数峰云外横。

安倍欲以五亿美元洗白历史

欲买仙凡幻化功，有钱端可扮英雄？
美元撒向灵霄外，伪史收回神社中。
雪挂林梢虚裹白，花飞溪上暂飘红。
箴言一帖君须记：梦到槐安总是空。

峻　节

1937年南京保卫战中，萧山令将军临危受命，肩南京警备司令等六职，即抱定与城共存亡之决心，遂以身殉国，实践了自己“死在抗日报国前线，荣幸之至”的诺言。夫以身殉职、以死报国、军人之崇德峻节也。当丹书永志。

守攻已不在输赢，莫让倭儿视我轻。
千古临危当誓死，一身膺责岂偷生！
杀他气焰凭嵇血[1]，还我河山望柳营[2]。
尸骨何须蟠马革，但留缺处补长城。

洪宝志(1948—)

江苏南通人。政工师。曾在南通市港闸政府工作。中华诗词学

[1] 嵇血：嵇康是三国时魏文学家、思想家、音乐家，“竹林七贤”之一。因拒绝司马氏集团的拉拢而遭构陷，临刑前嵇康神色自若，奏《广陵散》一曲，从容赴死。此处“嵇血”是指抗敌御侮的满腔热血。

[2] 柳营：汉周亚夫为将军，治军谨严，驻军细柳，号细柳营。后世称严整的军营为“柳营”。

会、江苏省诗词学会会员，南通市诗词协会副秘书长。著有《濠滨诗稿》。

沁园春·朱总理答记者问

铁面威严，万象胸罗，视接千端。对相机闪烁，从容自若；睿思泉涌，妙语珠连。绵里藏针，庄中有谑，于会心时露笑颜。提问者，亦顿开茅塞，化解疑难。　攻坚魂系黎元，令异域邻邦刮目看。忆殚精竭虑，不辞劳苦；擂台瞪眼，怒斥贪官。总揽全盘，运筹帷幄，历险蹈艰只等闲。欣华夏，已东方崛起，国泰民安。

吴敬立(1949—)

女，安徽凤阳人。芜湖诗词学会理事，安徽省炳烛诗书画联谊会、敬亭山诗词学会会员。

泛舟富春江

夹岸青峰扑面来，鲜澄风雾入襟怀。
惊呼岭上萦仙阁，道是斜晖映寺台。

浣溪沙·等电话

楼宇参差对晚霞，存心伏案面窗纱。今宵有约暂留家。　电伴声波传万里，情随明月到天涯，吾儿虽远不须嗟。

南歌子·十九路军烈士陵园

烈士归安地，羊城胜景先。游人参拜祭英贤。松伴花萦碑耸入云天。　　碧血丹心现，英灵浩气旋。抗倭史册著宏篇，长忆当年淞沪漫硝烟。

知青返乡行

知青岁月逝，乡情时盈怀。一别四十载，今日如愿回。
鞭炮迎远客，近乡神忽痴。乡音呼绰号，掩面忍泪滋。
归来四顾行，景物处处亲。老树见我喜，频频招相迎。
从篁闻我语，簌簌鸟飞惊。鹧鸪不相识，还作旧时声。
寂寂知青房，百草掩残墙。手植杨树在，门前小径荒。
徘徊久伫立，思绪启旧窗。高山亦可证，青春曾闪光。
携手旧道循，水泥路面平。遥看故山岭，霭霭复祥云。
缓步田畦地，葱葱泽露青。指点眩目处，鳞鳞小楼兴。
丝竹列前堂，乡亲罗壶浆。吹奏迎宾曲，把盏话家常。
翁婆多离世，儿孙致富康。务工或求学，再谱锦绣章。
我已退居闲，忆昔思泪潸。当年承厚爱，此情铭心间。
相聚三日短，不忍辞别行。茶栗黑木耳，山珍各俱呈。
手制土布鞋，针线寄慈恩。拜揖三辞谢，满载一车情。
炮竹响十里，遍地红糁尘。老少扶携送，一程又一程。
区区一布衣，何当受此仪。老马识旧途，飞鸟恋旧枝。
相拥道珍重，执手两依依。绵延群山远，相期再见时。

熊盛元(1949—)

字复初，号晦窗主人，笔名郁云，江西丰城槎市人。现任江西诗词学会副会长，《江西诗词》副主编，江西省社会科学院副编审。著有《静安词探微》《晦窗吟稿》《晦窗诗话》等。

水调歌头·芜湖席上感怀次张安国《隐静山观雨》韵

披得一襟雨，来沐古贤风。酒边高士豪客，都是入云龙。唤取红巾翠袖，领略玄言妙谛，花蕊尽飘空。身在鸠兹口，梦绕水晶宫。　任鲸吸，杯贮海，气吞洪。笑他王谢诸辈，胸底足包容。收拾吟笺茗盏，料理幽怀孤抱，遣兴不图功。我欲赋归去，谁唱大江东。

周赣衡(1949—)

安徽枞阳人。中学高级教师、校长退休，中华诗词学会会员，枞阳诗词学会副会长兼主编，芜湖诗词学会会员。著有《潭溪吟草》《闲云斋吟草》等。

无　题

世上原无路，心头自有峰。片言能解意，一井可腾龙。
警句佳篇里，浮云往事中。闲翻青史处，兴废也迷蒙。

一斛珠·看岷江漂流

秋山竞俏，碧水欢腾清波闹。俊男倩女看方少，恐后争先，勇敢登飞棹。　入目急流风浪啸，浪遏船斜人惊叫。忽听远唱川江号，跌宕舟中，骤响银铃笑。

贺新郎·登黄石寨

底事山多瘦。飞凌霄、刺天金箭，是谁神手？借助缆车飞绝顶，如入紫微星宿。极目处、群峰舒袖。挽得祥云随客舞，问嫦娥舞技还行否？轻雾起，绕杉柳。　张家界里神仙有。觅仙踪，张良得道，黄石公后。览景寻诗耽倦眼，如饮古藏陈酒。怕思绪、被风吹皱。来往游人烟霭里，与山妻携手云中走。归去际，数回首。

鹧鸪天·羌笛

曾伴蹄声塞外来，春风不度客愁怀。丝绸古道流神韵，大漠孤烟叹雾霾。　　杨柳曲，玉门裁，历经青史雨频摧。音如天籁犹萦耳，情越关山荡九垓。

杨义文(1949—)

生于安徽南陵，祖籍安徽巢县。退休前任芜湖师范学校副校长，现任南陵县关工委副主任。芜湖诗词学会会员。

柳　絮

洁白雪花轻若绒，扬扬洒洒逐春风。
相亲紫燕漫天舞，掩映春阳别样红。
命薄身微无挂碍，天宽地广任西东。
月明雨暗芳尘处，一似自然幻梦中。

周济贫(1950—)

原名周济平，安徽无为人。曾在南陵县工山镇人民政府工作。著有散文集《亲情》、诗词集《工山闲吟》。

游工山八都何村

素墙黛瓦画屏中，曲径通幽诗意浓。
冬去潺潺溪水绿，春来灼灼野花红。

晚霞日落青山接，老耄锄归黄犬逢。
心远地偏人自静，临崖独立看苍松。

行香子·泾县汀溪

山似围帘，路似浮烟。转崖头，忽见桃源。白墙黛瓦，溪水如蓝。看女人娇，老人弈，小人欢。　　茶种山巅，竹俯人前。访清秋，又濯甘泉。一壶陈酿，野店时鲜，赏酒花香，菊花美，桂花甜。

鹧鸪天·麻桥怀旧

野菊疏篱水一湾，风牵思绪似炊烟。昔年学友重相见，今日霜头再诉缘。　　枫叶老，旧村残。先人曾寓此山川，音容笑貌时时在，转眼光阴五十年。

钟振振(1950—)

江苏南京人。南京师范大学教授、博士生导师。中国韵文学会会长，曾任中华诗词学会副会长。著有《东山词校注》《北宋词人贺铸研究》《金元明清词鉴赏辞典》《唐宋词举要》等十余部。

金湖荷花节四首（选三）

一

风光亦与四时殊，六月西湖似此湖。
不待初阳干宿雨，翠盘十万走明珠。

二

春花一县说河阳，未抵金湖五月凉。
水珮风裳看不尽，满城人醉芰荷香。

三

豪放黄开金灿烂，清纯白掩玉玲珑。
人生风采莲花似，莫止矜持一色红。

毕彩云(1950—)

女，笔名雨虹、九妹、老知青，吉林长春市人。现客居广东省韶关市。中华诗词学会会员。《当代咏坛》特约编委。

抒　怀

鬓改红颜镜里过，曾经几欲赋菁莪。
清居最是闲愁少，傲世常因憾事多。

踏莎行·井台边

身影轻盈，炊烟缥缈，晨鸡争报东方晓。乡间最少读书声，今年苦盼春来早。　木桶肩挑，井台绳绕，耳边总是闻啼鸟。低头未忍忆寒窗，水中照得红颜老。

鹧鸪天

升起炊烟上井台，肩挑诗句踏尘埃。有情飞燕翩翩舞，无意流云冉冉来。　家犬跳，野花开。声声布谷绕香槐。一汪深水明如镜，枉照村中女秀才。

袁裕陵(1950—)

笔名燕赵生，祖籍河北深州。南京艺术学院特聘教授，南京市楹联家协会主席，江苏省楹联研究会副会长，全球汉诗总会副秘书长兼江苏联络处主任。著有《滨湖轩诗联集》。

水调歌头·登庐山

缥缈云峰外，山气晚来清。披襟牯岭崖壁，俯看一天星。都道真容莫识，端的风云多变，一霎转阴晴。电闪雷鸣里，心绪总难平。　　民为贵，社稷次，君为轻。无民无国，天理岂能颠倒行？堪叹诸公衮衮，诺诺争如谔谔[1]，青史永留名。邪正如冰炭，泾渭早分明！

夜宿泰州光孝律寺

僧寮无锁钥，静谧少人烟。傍竹维摩室，映池色界天。
个中谁悟道，枝上鸟谈玄。客效希夷子[2]，日高犹自眠。

伍　巍(1950—)

安徽无为人。暨南大学中文系教授、汉语言文字学博士生导师，广东省国学学会会长。

望江南·答问

听君问，何处是家乡？生小踪旋三皖水，行年泛饮五湖觞。诗酒润回肠。　　答君问，无处不怀乡。隅海衣牵慈母线，云山风蚀布行囊。迢夜思茫茫。

---

[1] 谔谔：说真话，仗义执言。《史记·商君列传》：“千人之诺诺，不如一士之谔谔。武王谔谔以昌，殷纣墨墨以亡。”

[2] 希夷子：名陈抟，亳州人，唐末隐士，宋太宗赐号希夷先生。据《宋史·陈抟传》载，陈抟“服气辟谷历二十余年”，修炼睡功，享年118岁。

周正环(1951—)

号石缘居士，安徽明光人。南京师范大学法律系研究生毕业，皖南医学院副教授退休，安徽天谛律师事务所律师，安徽省诗词学会副会长，芜湖诗词学会会长兼会刊《滴翠诗丛》主编。著有诗集《心旅诗存》《石缘吟草》，选注《历代绝句六百首》等。

琼州元夜

元宵灯火灿，暂聚海之阳。情醉杯中月，风梳鬓上霜。
何辞居陋室，有爱即天堂。南国花开早，携春返故乡。

访歌德故居

歌德是德国杰出的诗人、作家，欧洲“狂飙突进”运动主将，被恩格斯称为“最伟大的德国人”，其故居位于法兰克福市老城区。

莱茵河畔仰高风，寂寞楼头夕照红。
文艺复兴传爝火，狂飙突进破囚笼。
天才总比庸才苦，诗意贵同民意通。
史笔千秋存海岳，清斋鹤立忆仙翁[①]。

【注】

①鹤立：歌德习惯站着写作，他用过的立式写字台尚存于故居书房。歌德说过：“一切涉及舒适的事宜都与我的天性相违背。”

江城子·捕捞帝王蟹

雪原摩托任翱翔。面凝霜，气昂扬。御电凌风，直上北冰洋。凿透坚冰开洞穴，深布网，缓提纲。　庞然巨蟹见天光。本无肠，也称王。厚甲长螯，剖洗入厨房。一世横行膏满腹，归众口，齿留香。

钱塘观潮歌

幼读前贤咏潮篇，欲瞻风采怅无缘。
钱塘待我三千载，我梦钱塘五十年。
长堤百里列高台，挈妇随团观潮来。
人潮宛若江潮涌，引颈翘盼海门开。
遥看天际一线白，江口倒灌万声雷。
断梗飘萍东赴海，追潮逐浪复西回。
长城披雪漫推移，素练横空旷世奇。
怒马千乘冲敌阵，雄师百万抢滩时。
万众欢呼动江楼，拍照争将胜景留。
堪比钱王弓弩手[①]，举臂如林逐洪流。
雪浪掀天撼海塘，云烟水雾两茫茫。
塘头巨石历寒暑，可为人间录兴亡?
伍公神殿御诗碑，圣主贤臣终作灰。
神州几度狂潮起，不见当年弄潮儿。
壮观天下誉千秋，潮去人归兴未休。
余生愿作钱塘客，岁岁观潮到白头。

【注】

①钱王弓弩手：当年吴越王钱镠因钱塘大潮连年冲击江堤，遂遣弓弩手射之。

鲁可平(1951—)

安徽繁昌人。芜湖市第四十六中学退休教师。中华诗词学会、安徽省诗词学会、芜湖诗词学会会员，繁昌诗词学会常务理事、编辑。

诚　信

一分耕种一分收，茹苦含辛春复秋。
不向偏门求捷径，长将诚信挂心头。

刘梦芙(1951—)

安徽岳西人。曾任岳西古坊中学教师，安徽省社会科学院近代文学研究所研究员。中国韵文学会、中华诗词学会会员，安徽省诗词学会副会长。著有《啸云楼吟稿》《冷翠轩词》。

金缕曲·庐山归来寄友人

千里思君切。借东风，晴霄鼓翼，沧波飞越。一笑匡庐初握手，顿解愁肠百结。倾积愫，泉香酒冽。今日名山同啸傲，算骚坛几见真豪杰？谈笑里，唾壶缺。　　吟怀畅挹西江阔，宴洪都，相携俊侣，广邀贤哲。高阁凌云欣并倚，一览风光奇绝。奈羌笛，频催车发。未许关河挥别泪，约来年再醉鄱湖月。肝胆共，照冰雪。

高阳台

辛未盛夏，堂叔偕婶母自海外返乡。苦雨连阴，洪波成患，深宵共语，倍觉伤怀，倚声志感。

恨雨如丝，愁风似剪，离人万里初归。卅载沧桑，山河旧貌俱非。故园乔木凋零尽，奠荒茔，血泪频挥。更何堪，雾锁苍冥，永杳慈晖？　　灯前细诉飘零苦，怅鲸鲵浪恶，燕鹊巢危。久坼金瓯，何时明月同辉？乡心长系楼头柳，愿年年，旅燕飞回。莫教人，望断秋波，减尽腰围！

蝶恋花·寄远

冉冉闲云天际去，欲倩征鸿，频寄相思语。万里情丝牵一缕，愁心共碎芭蕉雨。　屡觅广寒清净处，凝望层霄，银汉迢迢阻。鸾背吹笙舒翠羽，三生有约应同许。

感赋（四首选二）

辛卯初冬与杨兄启宇、王兄邦建游昆山千墩镇，谒顾亭林先生墓，感成四律。

一

默立怀先哲，松风拂我襟。鹤归城郭改，龙隐海云深。
剥复觇天运，荒唐叹陆沉。堪怜二三子，犹抱匹夫心。

二

忧乐关天下，千秋道尚存。地因奇杰众，德比泰山尊。
合影留鸿爪，扪碑剔藓痕。昆岗呼凤起，酹酒再招魂。

闵济林(1951—)

安徽天长人。曾任天长市炳辉中学教师。安徽省诗词学会副会长。著有《涧底吟》《种墨吟》。

立春日感悟

几番低落几番狂，休说人生梦黄粱。
祢子[1]骂曹徒弄口，幼安[2]咏老不悲凉。
清谈自古多误事，实干从来可兴邦。

[1] 祢子：祢衡，字正平，东汉末年名士，因辱骂曹操，被送往江夏太守黄祖处，为黄祖所杀。

[2] 幼安：南宋著名词人辛弃疾，字幼安。

系日长绳时可待，莫因寂寞起彷徨。

答爽明远微博

长忆前年秋桂枝，庐阳侧畔咏清词。
早知灞柳新丰客，莫问兰花座上谁。
娱乐无门心已老，休闲有路病将欺。
风云叱咤非吾愿，气傲心高有尽时。

过和县访霸王祠

倾心拜访古祠堂，凛凛威风楚项王。
一举双收书历史，三长两短话乌江。
敢将巨鹿浮舟破，不忍鸿门剑影狂。
莫唱虞兮垓下曲，只因对手是流氓。

娄家云(1952—)

安徽芜湖人。曾任中学教师、校长。芜湖市民主建国会宣传部部长退休。芜湖诗词学会理事。

送刘廷龙之合肥

神州夺冠始相逢，桑梓闻音尽笑容。
冀北写丹飞彩凤，江南泼墨舞文龙。
三竿堂奥滋潇洒，四秩韶华屹峻峰。
更喜长桥扬坦道，从容过浪不惊鸿。

吴浪风(1952—)

安徽芜湖人。芜湖县林业局工程师。中华诗词学会、安徽太白楼诗词学会、芜湖诗词学会会员，安徽省楹联学会理事，芜湖县两江诗社秘书长、《两江诗草》副主编。著有《九华百吟》《姑苏百韵》《黄山诗钞》。

登黄山百步云梯

梦中几度上青天，我与莲花喜结缘。
百步云梯天界上，未曾羽化已登仙。

陈明庆（1953—）

安徽南陵人。退休干部。芜湖诗词学会会员。

纪念张孝祥诞辰880周年

少年怀抱鲲鹏志，一举成名夺状元。
报国抗金安社稷，为农治水保粮棉。
书崇颜米多雄气，词尚苏黄广巨篇。
塘造田捐酬夙愿，盛传佳话在人间。

家族微信圈

轻轻一点银屏见，微信条条暖我心。
绿色养身传秘诀，赤诚为国报佳音。
缅怀先祖品行正，喜看后生事业欣。
万水千山焉可阻，只缘一脉重千金。

祖晓平（1953—）

安徽芜湖人。曾在繁昌县棉麻公司工作。芜湖诗词学会、繁昌县诗词学会会员。《三华情韵》诗刊编辑。

弋江秋水

昨夜风凉已入秋，柳梢悬月似银钩。
兴邀红叶三千赋，难对黄花万朵愁。
陌野熟禾金谷粒，弋江清水醉轻舟。
闲情唱咏烟岚处，把酒言欢笔语柔。

故乡行

日暖沙洲舟自横，轻帆何处载归程。
卧看残月西窗挂，坐对春山亲友迎。
万里霜风催木叶，一帘寒雨送秋声。
白云芳草连天际，难却故乡一片情。

马泽炜(1953—)

安徽当涂人。曾在芜湖和睦山铁矿、市新华印刷厂工作。芜湖诗词学会理事、曲赋分会副会长。

武夷山谒柳永墓

隐隐青峰钟鼓敲，词人静卧已归巢[①]。
晓风散雾聆莺语，残月凝霜望海潮。
极目三秋迷桂子，寄情百舸挂征袍。
飞泉激石鸣遗韵，故国新园文气昭。

【注】

①柳永系福建省崇安县人。2004年9月其仙冢自镇江北固山分移此地，一代词宗魂归故里。

临江仙·乡恋

天霁晨风溪水碧，田边拾翠春光。古桥曲水少年郎。红巾闪跃，远岫吐朝阳。　岸柳藏烟舟女笑，黄花麦浪耘妆。轻纱秀野润芬芳。清波爽籁，倒影画中乡。

满江红·伦敦奥运

激战英伦，燃圣火，彩旗猎猎。欢聚也，五环萦梦，纵横超越。宝剑锋磨提锐旅，梅花香自冰霜冽。好身手、竞技赛场中，金牌撷。　“病夫”耻，犹记切。民族意，狂飙烈。看炎黄健将，鹰扬天阙。吐气扬眉升国旆，等闲胜负真豪杰。指来日，你我会巴西，高歌捷。

朱八桂(1953—)

安徽安庆人。小学高级教师退休。

中秋望月

今夜中秋月，堂前月饼香。房中闻笑语，户外赏清光。
织女天河隔，牛郎水一方。人间多怨事，万里总思乡。

范大平(1953—)

安徽芜湖人。1981年毕业于安徽师范大学，芜湖市政府干部退休，安徽深蓝律师事务所执业律师，芜湖诗词学会理事、义务法律顾问。

采桑子·日出

金乌欲出从东海，喷薄而来。一扫阴霾，万里江天刹那开。　青山绿水三千里，尽入胸怀。星月全埋，独霸天穹大舞台。

赏　月

我辈昂头望玉轮，嫦娥颔首瞰红尘。
不知人类倾心月，抑或婵娟羡慕人？

群友欢聚

万千琐事掷云霄，互诉衷肠话寂寥。
世纪穿行求此聚，友情化作大江潮。

赵志成(1953—)

河北唐山人。复旦大学电子物理系毕业，安徽华东光电技术研究院副处长。芜湖诗词学会常务理事、《滴翠诗丛》编委。

谒金门

东风软，吹绽几多花瓣。树影碎时香黯淡，月依垂柳岸。　对对情人拥挽，咫尺春心轻颤。幽径此时琴瑟远，只留山盟愿。

明月逐人来·思父

时近中秋。父亲生前亲手栽植的桂花树又开花了……

琼钩行远。轻犁霄汉。云波碎、弄潮思念。是谁弹曲，又唱江亭怨！怕靠中秋水岸。　银桂初开，暗送旧香段段。悲风起、凭栏肠断。揽住月舟，且把情装满。再放银辉一片。

张双柱(1953—)

字一介，号麻姑山人，别号华兴子，网名老卡，安徽芜湖人。安徽劳动大学毕业，高级经济师。曾任芜湖市人事考试院院长。中华诗词学会、安徽省诗词学会会员，芜湖诗词学会常务副会长。现为芜湖诗词学会名誉会长。著有诗文集《半随本事半随缘》。

南乡一剪梅

郊野雪初融，又见云英草渐红。打造新犁翻冻土，往事心中，故旧心中。　回首感怀空，命笔无题叹岁匆。辜负春秋辜负夏，怕负了冬，果负了冬。

天门烟浪

一挽长江气不收，天门双柱扼吴洲。
波惊碧落风云急，雾笼黛横山水幽。
两岸欢歌摩峭壁，满江溢彩绿平畴。
更凭造化无穷力，喝令东流向北流。

鹧鸪天·词林正韵写词人（四首选二）

姜　夔

瘦石孤花一闹红，空灵精绝破苍穹。影随冷月疏间织，香伴轻云暗里融。　情缱绻，怨幽胧，勉强携酒下西风。长亭自度相思曲，留待更深怅更浓。

朱淑真

生不逢时逢恨时，断肠集掇断肠词。一身病酒担风雨，满纸悲愁诉别离。　孤苦恋，独幽栖，纷飞莺燕可相知。东君已负春三月，还付东君万首诗。

王国英(1953—)

福建闽侯人。毕业于福建省水产干部学校。桂林硬笔书法家协会副会长，福建诗词学会会员。

山　中

蹑足溪山览大观，云根尽处不胜寒。
丹书写上岩千仞，碧壑喧从水万端。
乳燕呢喃曾浪搏，苍鹰睥睨始云抟。
蓬莱我作轻狂客，敢笑函关紫气阑。

宋立安(1953—)

安徽芜湖人。原在芜湖市洗涤剂厂工会工作。芜湖诗词学会会员。

品茶小语

莫道寻常不足称，欣然一品羡清名。
甘于淡泊原无欲，苦在深淳实有情。
冶性倾心高格调，修身涉世贵真诚。
精神端被茗香染，直面人生德自馨。

王善同(1954—)

字慎独，号天池居士，别署兰屿，山东郓城人。新疆阜康市人大常委会退休公务员。中华诗词学会会员，新疆诗词学会副会长，昌吉州诗词学会会长，《昆仑诗词》执行主编，《天山天池诗刊》主编。

塔里木沙漠小憩

遥看荒绵接远岑，胡杨不死汉唐林。
长河千古繁星黯，新路一通沙碛深。
探险曾经没孤客，观光直入听清音。
提靴在手流云上，坐拥方圆百里金。

高怀柱(1954—)

山东莘县人。莘县教育局干部退休。中华诗词学会会员，山东省诗词学会理事。著有诗集《河畔吟草》。

登鹳雀楼

长饮黄河水，今登鹳雀楼。万山收眼底，千绪绕心头。
暮霭轻轻落，波涛滚滚流。凭栏聊纵目，云外雁鸣秋。

忆童年

书包枝上挂，放学不归家。岸上迷莺语，溪边捕柳花。
嬉游过垄亩，追逐匿桑麻。一片鸦声里，炊烟落日斜。

樊胜堂(1955—)

安徽广德人。1976年入伍，1987年转业到中国工商银行郎溪县支行工作。郎溪诗词学会、芜湖诗词学会会员。

秋风吟

登临赭岭醉秋光，丹叶霜林带露香。

想是天宫施美酒，江山万里尽诗章。

金丝燕自语

华堂高第是非多，峰谷崖扉自筑窝。
不慕时髦王谢宅，爱听村女采茶歌。

黄　维(1955—)

字元孟，号大雅斋主，安徽繁昌人。裱画师。中华诗词学会会员，芜湖诗词学会副会长，全球汉诗总会安徽分会会长，《皖风》主编。编注《历代繁昌诗选》，主编《张孝祥词鉴赏》。

水调歌头·中秋望月

（次苏东坡原韵）

江水有遗恨，孤月上遥天。不知月姊消息，长别已三年。去去烟波万里，念念神游千古，可耐月宫寒？思我托春梦，相会在人间。　　杨柳岸，清辉满，独难眠。嫦娥垂泪，期盼来世续重圆。情爱唯真唯美，人事至高至善，双翼应能全。怅望邈云汉，心照是婵娟。

惜红衣·无题

百岁人生，百年畅想，化成千万。仰慕高天，欣然往来燕。骋怀大雅，要实现、今生今愿。常怨，江水向前，叹时光留恋。　　情如烈焰，心似幽兰，羞容易云变。愁来悔说再见，暗思念。软语柔情萦梦，湘水鄂山寻遍。问几时能送，天山白云孤雁？

菩萨蛮·无题

相逢戊子端阳节，相随十里秦淮月。无处不销魂，亭亭香玉人。　　原来情意切，但愿同心结。临别互叮咛，分飞双燕行。

无　题

2012年6月19日上午，我等一行在新加坡机场托运行李，遇一韩国籍女工作人员，为我们办理手续。她笑容可掬，自报家门，真诚服务，令人难忘。

红红制服美容姿，笑面春风像首诗。
可惜相逢不相识，心花只恐被人知。

艾家保(1955—)

安徽芜湖县人。在芜湖县易太乡自营缝纫店。芜湖诗词学会会员。

垂　钓

池塘如镜喜清悠，约友持竿钓晚秋。
争食群鱼多惬意，笑它贪嘴总吞钩。

刘东方(1955—)

安徽桐城人。安徽师范大学中文系毕业，曾任中学教师、《安徽航海》编辑。芜湖诗词学会会员。

登黄山

紫雾腾烟孕万峰，松涛长啸壑生风。
叮咚涧水鸣声远，错落晴岩入眼葱。
攀石频惊山道险，抬头更叹岳莲雄。
登临一吐胸中块，愿作行云骋太空。

杨宏林(1956—)

安徽繁昌人。民办教师，2002年在中国农业银行繁昌县支行内退。中华诗词学会、安徽太白楼诗词学会、芜湖诗词学会会员。《繁昌诗词》编辑。

水调歌头·游黄崖瀑布群[①]

登坝逆流上，险路欲通天。浅滩乱石林立，碧水细潺湲。栈道晃悠浮木，岩壁钢筋铁索，九曲一回环。幽壑清气爽，飞瀑落深潭。　　低头走，注目望，谷中谈。游人不断，欢声笑语绕其间。远处几枝红叶，装点峡区风景，秋色锁云端。结伴同行乐，惬意自心田。

【注】

①黄崖瀑布群在石台县境内。

游繁昌板子矶步郑永铃先生韵

日出江天阔，矶头面目真。身临岩畔石，话说渡江人。
大浪淘沙尽，英雄得势新。诗吟情有寄，夜梦托冰轮。

赵泾生(1956—)

安徽宣城人。芜湖市广播电视台新闻部主任记者。

登岳阳楼

临湖突兀起嵯峨，百尺楼高俯碧波。
穿堞晴晖明画栋，撼山波影淡青螺[1]。
杜诗已解坼浮妙，范记犹思忧乐多。
古迹雄文昭后代，巴陵胜状构宏模。

【注】

①青螺：指洞庭湖中君山。杜甫《登岳阳楼》："吴楚东南坼，乾坤日夜浮。"

刁节木(1956—)

安徽含山人。曾在巢湖市委党校工作。中华诗词学会会员，合肥市作家协会副主席，《展望诗苑》主编。著有《木子诗文随笔录》等。

过蔬菜之乡

一马平川生气扬，软烟袅处是村庄。
春风尽染田头绿，满目银棚映夕阳。

巢湖远眺

缥缈烟霞水吻天，湖光山色衬云间。
遥看一片樯帆影，回荡渔歌半扣舷。

吴　林(1957—)

安徽定远人。在芜湖市政府办公室工作。安徽省诗词学会会员，芜湖诗词学会副会长。

相见欢·分别

默然怅望车窗。叹流光。怎奈匆匆相聚又参商。　心潮起，情难舍，意犹长。喜得无拘无束恁疏狂。

三月郊游即兴

日暖风和春意浓，黄花遍野伴游踪。
蜂萦蕊上嗡嗡影，蝶戏芳丛款款容。
云里莺歌娱美景，田间笑语乐桑农。
郊原四望蒸蒸貌，无限风光畅雅衷。

观芜湖诗词学会迎春书画展

记得春分酌酒时，与君筹划赋新诗。
眼前光景原为梦，身后传言始见姿。
笔落千山畅胸臆，墨分五彩绘兰墀。
以文会友今又是，同唱余生傲雪枝。

观芜湖首届巾帼画会展

巾帼从来不自卑，百花园里斗须眉。
丹青点染春光艳，漫看新风入翠微。

潘　泓(1957—)

字复言，网名夫复何言，湖北红安人。公务员。湖北省诗词学会、河南省诗词学会会员，《中华诗词》编辑部副主任。著有《复言诗词集》等。

友人送唐冠螺一枚，感而有咏

托身浩淼历深寒，每恨迢遥北顾难。
记得家园称禹甸，便教形貌效唐冠。
黄岩有主虾何噪，碧海犹波梦未安。
此日诸君悯骸骨，摩挲幸不怅刀瘢。

雨中登岳阳楼怀范仲淹滕子京二公

石埠砖城绿藓墙，登高只合望茫茫。
江湖水向浮云白，鸥鹭秋随汽笛长。
忧乐襟怀仍璀璨，股肱人物每仓皇。
忠臣到底难驱逐，名记名楼耸岳阳。

社区废品站写意

塑料玻璃纸板箱，迎来送往十分忙。
甄收事仗经纶手，割据人称破烂王。
杂志裸身皆善本，资源变豹是良方。
每从铁锈谈飞鸽，身世当年似凤凰。

江西靖安县宝峰看孝子表彰活动

南坡北岭被樟林，爽气晴光染绿深。
庙会已饶乡土味，童谣犹是客家音。
名彰孝子真长策，哺反慈乌仗寸忱。

此日高堂明日我，双眸一拭一沉吟。

宋彩霞(1957—)

女，笔名晓雨，山东威海人。中华诗词学会常务理事，山东省诗词学会副会长，现任《中华诗词》杂志编辑部主任。著有《秋水里的火焰》《秋红》《白雨庐集》《白雨庐诗文集》《白雨庐词》《黑咖啡》等，主编《甲午战争120周年诗词选》。

蝶恋花·读聂绀弩《秋老》

又是秋风吹旧帽。不卷珠帘，只卷灯前稿。阅尽人间衰盛草，黄花依旧清香绕。　　老始风流谁会笑？语涩途艰，细看知音少。且向丛林寻一道，时时自有春风扫。

谈怡中(1958—)

安徽南陵人。中学教师。芜湖诗词学会副会长。著有诗集《晓色云开》《岁月之痕》。

张孝祥

兵休关塞空抽剑，愤纳胸中徒有初。
端起长江斟北斗，比排万象许于湖。

登八达岭长城

山青焕发雪花残，雾锁神龙不见端。
汉石秦砖疆界固，单于飞将举杯难。
桑麻荒废尘沙暗，草木凋零风月寒。
踮脚堞墙看柳塞，牛羊遍野马蹄欢。

南陵春谷公园谒李白石像

不肯蓬蒿出籍山，苍生未济遇奸顽。
光辉天日心曾照，浪漫诗篇史不删。
何必举觞浇苦闷，安能抽剑截悠闲。
竹前卧醉汪伦唤，岸踏歌声摇橹还。

奚家齐(1958—)

安徽芜湖人。南京陆军学校毕业。芜湖诗词学会、安徽太白楼诗词学会会员。

游敬亭山

水自潺潺径自斜，满山红透杜鹃花。
松林雨后浮尘净，独坐楼头眺万家。

叶青才(1960—)

又名叶静，安徽岳西人。岳西县职教中心教师，中国散文学会会员，安徽省作协会员，安庆市作协副主席。著有《逗雨庐诗钞》。

处暑入山

凉意丝丝驱暑慵，欲寻新景魏家冲。
古泉漫诉开山语，幽寺频敲醒世钟。
骚客心声归众鸟，哲人思绪镌虬龙。
祥云寄与情千缕，身在重峦莫启封。

登　山

平生未敢置车船，双脚曾临十万川。
借得松涛能渡海，买来烟霭不花钱。
光岩与我同额顶，峻岭依人耸峙肩。
都说年华堪托付，尘沙细草著鸿篇。

农家清韵

农家塘堰种新荷，谁料种成三亩歌。
蛙鼓频敲春意闹，群鹅俱唱夏风和。
红衫靓妹清波乐，短袖憨姑趣话多。
更有一泉平水韵，田园四季动吟哦。

陈德好(1962—)

网名濡须九莲，安徽无为人。从事会计工作。中华诗词学会、无为县诗词学会会员。

悼海鸥将军戴安澜

海鸥翔异域，征伐万千程。出我昆仑剑，锄倭武士缨。
东瓜捐命守，棠吉复师争。可惜归边死，忠魂志不平。

吕树梁(1962—)

安徽芜湖人。曾任芜湖市食品药品监督局职员。芜湖诗词学会会员。

浣溪沙·围棋梦

黑白纹枰雅趣浓，收官打劫总从容。赏心莫过捉长龙。得以修身成大器，勿为任性作蝇虫。平生悟道在其中。

忆江南·眷念

更漏晚，往事不堪言。几点残星银汉里，一帘幽梦锁窗前。何日共缠绵。

唐　佳(1962—)

字乃可，安徽天长人。中华诗词学会会员，安徽省诗词学会副会长。著有《唐佳吟草》。

桂枝香·重阳感赋

重阳佳节，正绝好金秋，爽籁清发。万里青天如洗，大千澄澈。桂芳菊艳春朝似，引诗情，歌无终阕。落霞孤鹜，长天秋水，老怀犹烈。　笑千古骚人共咽，唱雁过衡阳，悲情何切！四季轮回有自，漫嗟凉热。花开叶落由天定，叹什么、斜晖霜月。兴来斟酒，余暇对弈，一生欢悦。

凌明生(1962—)

安徽无为人。无为县诗词学会副会长。合肥润安公学专职书画教师。

秋　兴

遥望家山柿子红，且将思绪越长空。
高堂地尾频挥汗，稚子帷旁正沐风。
炫目车流归槛外，牵情农事系心中。

年来好读窗前月，一任浮云西复东。

遣 兴

经年洗笔写家山，飞鸟偕侬相与还。
草稿多从荒地拾，奇峰总向白云看。
崖临险处生磐石，水到平时挂远帆。
裁截丹青去沽酒，由他车马往来喧。

邢梅虹(1963—)

女，安徽池州人。兰州大学法律系毕业，现在安徽青阳县人民法院工作。中华诗词学会、芜湖诗词学会会员。著有《邢梅虹诗词集》《邢梅虹诗文集》《邢梅虹诗联集》。

咏桃花

红衣衬舞姿，笑靥迓晨曦。影弄和风处，香吹旷宇时。
翩翩同尔共，灼灼与君期。谁为裁佳韵，盈盈独赋诗。

蝶恋花·无题

蛱蝶春山飞款款，游过青岚，又上桃花畈。疑似浣纱偏不见，涓涓溪水羞花面。　满目柳丝人胜恋，双燕翩翩，剪影临幽院，午睡觉来莺语乱，唯留久久一声叹。

吴明哲(1963—)

福建晋江人。晋江市政协文史委主任。中国国学研究会研究员，福建省诗词学会常务理事、副秘书长，晋江诗词学会会长。

卖花声·听蛙

漱玉润盈盈，楚雨新晴，棹声云影一溪明。犹见当年人立处，莲叶亭亭。　　蛙鼓又声声，向晚凉生，胸中忽起旧时情。水远山重人不在，说与谁听？

再访廉村

桃红又见一年春，不负苍天不负民。
两袖清风应识我，归时还似到时贫。

怀旧二题

一

记曾追梦到山颠，诗满江南绿满笺。
难写百年春思尽，撷双红豆伴清眠。

二

春江碧水短长亭，月影分明未掩星。
独爱层楼最高处，半空悬念梦中醒。

叶开平(1963—)

安徽巢湖人。在安徽省宣城市教育体育委员会工作。

邻　里

家住小高层，邻居碰面生。电梯常聚首，微颔不知名。
二老携孙入，众人将目倾。憨真勾笑语，和气一楼盈。

钱春香(1964—)

女，笔名鸟语花香，安徽无为人。小学教师。中华诗人协会常务理事，芜湖诗词学会会员，无为县诗词学会理事、《友声吟集》编委。

卜算子·柳

家住藕塘东，常受风调弄。一任莺儿往复穿，不敢轻狂纵。　　谁晓立桥时，满腹相思种。新绿垂帘盼折枝，解得离人梦。

采桑子·花语

春风不解离人苦，开放花期。新雁桥西，小杏东园着粉衣。　　翩翩双蝶流连晚，总是归迟。更惹眉低，长笛一声月落时。

醉花阴·无题

东风融了乌江水，收了寒滋味。催发海棠花，香透帘栊，漫入烟尘里。　　灞桥柳带轻轻系，欲与桃和李。一并听黄鹂，跃上枝头，暗地呼名字。

刘诗能(1967—)

安徽无为人。1992年毕业于安徽师范大学美术系，曾留校任教，后调江苏工作。曾任芜湖诗词学会副会长，中华诗词学会会员。著有《五代北宋绘画》《累石轩诗词》。

登师大图书馆新楼

望断江乡路，危楼耸百寻。山围唐寺老，水积宋湖深。
亭阁生兰气，缥缃卧夕阴。十年圆一梦，相顾几沉吟。

满江红·登黄鹤楼

眼底乾坤，吞云梦，已非畴昔。思往事，鹤鸣缥缈，乱红狼藉。三楚危楼来雪浪，几人健笔凌狂客。到而今，鸳瓦又东风，春潮急。　个中景，尧舜日。芳草外，梅边笛。况金桥架起，柳荫清密。江汉合流珠翠涌，龟蛇拱秀烟霞织。问何时，再续武昌游，留吟屐。

镜湖怀张孝祥二首

一

短幅萧骚酒尚温，长淮望断黯销魂。
千秋词客今安在，烟雨湖中柳一墩。

二

悠然兴会宋人词，妙处难传只自知。
我对云山元若梦，挥弦相送夕阳迟。

张应中(1968—)

安徽岳西人。南京大学中文系研究生毕业。安徽师范大学文学院教师。芜湖诗词学会副会长，《滴翠诗丛》副主编。参与编审《芜湖历代诗词》。著有《无端》(诗集)、《怎样写古诗词》等。

昙　花

月色溶溶夜气清，累君痴等过三更。
今宵且与君相赏，一到天明便绝情。

二月十五日赏油菜花

阴云漠漠雨迟迟，拂面清风缓缓吹。

杨柳堤边黄惹眼，斑鸠声里绿沾衣。
温香可辨来何处？秀色能餐独我知。
久坐花间消百虑，人生最恋是春时。

有　赠

楚地佳人美且都，春华寂寞古城隅。
心陶万物言无碍，腹蕴诗书气自殊。
野谷香清兰有泽，大洋水苦蚌含珠。
相期只待狷狂客，毕竟人间德不孤。

清平乐·过旧居

屋檐苍老，蛛网知多少。独立门前风悄悄，小径遍生荒草。　　童年旧事尘封，亲人各自西东。忽忆先君形象，油然泪眼朦胧。

遣　怀

中岁颇好诗，吟哦未暂舍。倏忽十余年，精神犹龙马。
天命吾渐知，诗慕自然者。繁星耀昔贤，难追是白也。
恒患业无成，不患知音寡。我自踽踽行，人谓我潇洒。
名利累我心，谁复重风雅？同门缠万金，我持菊一把。
久厌居红尘，所思在山野。何当寄林泉，风月自堪写。

王为钢(1968—)

安徽无为人。马鞍山职业技术学院教师。马鞍山市诗词学会常务理事，《马鞍山诗词鉴赏》撰稿人之一。

咏武当太极拳

雾隐仙山传世功，如封似闭守鸿蒙。
清宵气贯行流水，丹洞神凝卧蛰虫。
化梦翩翩飞蝶影，归真浩浩舞松风。
心头若解刚柔力，万物通行大道中。

水调歌头·武当朝真

一点浩然气，合抱万山中。千年松盖云影，来往御飞龙。玄武神龟渐醒，老子青牛未远，争欲跨苍穹。天柱指其路，七十二峰从。　踏云上，神道渺，叩遗踪。杵痕虽在，难向丹碧觅真容。唯有抟摇今古，兼更浮游太极，俯仰吸鸿蒙。金顶逍遥处，澹荡悟清钟。

马　燕(1968—)

女，江苏扬州人。安徽将相和酒业公司生产部经理。芜湖诗词学会会员，《滴翠诗丛》编委。

响水涧记游

登高极目小亭东，飒爽春山绝顶风。
别有空灵烟水外，黄花尽处是桃红。

王　勤(1970—)

女，笔名风清，安徽蚌埠人。《安徽老年报》编辑，安徽省诗词学会常务理事、《安徽吟坛》副主编。

鹧鸪天·游园

缓步闲拈叶绿风，回眸一笑紫荆红。慢将词柬无声递，好待诗心彻底浓。　茶浅淡，水朦胧，清香袅袅有无中。翻来腕底生花意，化作灵犀笔下融。

梅

朱弦三弄有遗音，长住人间冰雪林。
风解枝头幽寂意，月知花底苦寒心。
罗浮梦里谁能醒，无始劫中尘不侵。
树下几多名利客，何须徒自费沉吟。

蝶恋花·游凤阳中都古城遗址感怀

六百春秋如在目，旧址荒城，一部风云录。天下纷纷争逐鹿，斜阳蔓草惊翻覆。　轻叩青砖心似束，故事摊开，页页残边幅。字里兴亡墙上读，霜弦冷月苔痕绿。

临江仙·记游宏村

背倚春山开锦障，风吹半月池塘。粉墙青瓦梦徜徉　。老牛阶下卧，人在画中藏。　水样光阴穿户过，家家故事悠长。有天井处有沧桑。往来都是客，去后莫思量。

王群红(1970—)

女，字红裙，号竹隐，安徽巢湖人。在中国农业银行巢湖分行工作。中华诗词学会会员，巢湖青年诗社社员。

临江仙·菊

伴月和云清夜永，萧然篱畔凝霜。轻寒又透茜纱窗。

芳园浮暗郁，万朵坠星光。　拍手凭他遗一笑，何须俗客争狂。冷姿只合供幽廊。素容惟自惜，谁解我衷肠。

谢池春·红豆吟

犹忆西楼，密绾同心双扣。断肠时，江头折柳，离愁谙尽，莫如凭榜樽酒，把相思，种成红豆。　流年几度，小榭残灯依旧。最难禁，春来倦瘦，拼将红豆，碾为香尘后，看相思，有还无有?

青玉案·东庵春游

东风款款穿朱户，野积翠，烟笼树。燕筑香巢花满坞。纸鸢三五，争飞高处，也跻青云路。　玉箫吹彻凭谁诉，我欲临风醉中舞。爱此深山思永住，修篁为伴，朝朝暮暮，只共青禽语。

陈庆庆(1971—)

女，网名凝月无语，安徽合肥人。现在安徽省雅集文化传媒有限公司工作。《庐州诗苑》副主编，安徽省诗词学会常务理事。

和曼云

荷风妙曼柳纤纤，不问清凉不问炎。
去岁横塘双紫燕，今年又动谁家帘?

谢玉荣(1971—)

女，祖籍安徽祁门，生于芜湖。教育硕士，高中语文教师。安徽太白楼诗词学会会员，芜湖诗词学会副会长。

行香子·思乡

几度芳菲，疑又春归。看于湖、脉脉斜晖。扁舟一叶，逸兴遄飞。叹昔年事，今宵梦，有谁知？　一窗雨碎，万树风嘶。念双亲、鬓已如丝。儿行千里。膝下谁依？愿卧东篱，菊花酒，老莱衣。

南歌子·咏红美人蕉

一撮寻常土，天然翡翠姿。无牵无绊不相思，自是美人如火剑如诗。　爱被圆蟾照，心随野鹤飞。幽居杂处总相宜。蜡卷暖风六月正当时。

游古长安抒怀

百代繁华一梦空，也曾醉里舞深宫。
霓裳曲动长生殿，折柳歌吹短笛风。
昔日昭阳常射雁，今朝马嵬只余松。
多情秋月年年似，不照江山照冶容。

桂枝香·咏兰

红尘恍惚，任空谷芳华，千载传说。幽魄精灵何在？独伤离别。我心皎皎如明月，倩谁知、故土情结？念春归处，东风骀荡，澌冰融雪。　冷看他、招蜂惹蝶。笑媚草狂花，秋来都绝。历尽沧桑，依旧天纵高洁！恨催人瘦销香骨。望家山、咫尺难越。泪飞临海，英雄无寐，剑光寒冽。

念奴娇·咏芜湖月用张孝祥《过洞庭》原韵

冰轮慢转，倩银辉、染就镜湖颜色。一代英雄轻唤起，伴我吟诗题叶。烟雨墩前，留春亭畔，风物何明澈。君来步月，定然欣与评说。　　醉里几度星移，清词新唱，笑看飞霜雪。谁共长虹云影驻，来去岂愁江阔！雄观涛声，吴波秋月，赭塔迎佳客。相思何限？但歌冬夏晨夕。

芦　荡(1972—)

安徽肥西人。现在肥西县水务局工作。安徽省作家协会会员，安徽太白楼诗词学会、庐州诗词学会、芜湖诗词学会会员，肥西县诗词学会理事、副秘书长，肥西县楹联学会会员。

醉花阴·忆三门峡

一峡三门归客路，望断茅津渡[①]。对面不相逢，浊浪排空，怎把相思驻。　　梦中携手寻幽处，明月知何去。辗转八千回，砥柱中流，应是情如故。

【注】

①茅津渡：三门峡附近的一个渡口名。

姚　祥(1972—)

安徽芜湖人。芜湖市弋江区党委宣传部副部长，芜湖市作家协会副主席，芜湖诗词学会副会长、《滴翠诗丛》编委。

深秋夜读

月落西天夜未央，隔窗秋色自神伤。
朔风吹树凋残叶，衰草粘天覆嫩霜。
一盏孤灯游翰海，谁家美梦枕黄粱。
庄骚屈赋方寻味，不觉熹光已上墙。

谭嗣同一百四十周年冥诞

芙蓉劲拔出浏阳，侠骨仁心若彗芒。
百日维新摧腐制，一朝喋血振颓邦。
沅湘涌泪怀先哲，沧海兴潮启后航。
笃信英雄酬壮志，神州痛失“莽苍苍”。

无　题

人世初临即有鸣，最为悦耳是书声。
敲窗风雨心澎湃，读史澜潮意纵横。
学海拼争怀社稷，业涯奋斗为苍生。
振兴天下匹夫责，国运家常总系情。

汤　玲(1973—)

女，安徽芜湖人。中学时代即发表诗词作品。芜湖诗词学会会员。

咏　梅

一枝花影瘦亭亭，疑是仙姝立月明。
深院夜分人不寐，寒香伴读到鸡鸣。

如梦令

云淡风清花艳，残梦醒来人倦。密语问青天：何以遣情今夜？今夜，今夜，梁上呢喃双燕。

张青云(1973—)

字寒枫，号梦渔，生于重庆云阳，2001年移居上海市金山区。

现为金山区图书馆古籍文献部主任。中华诗词学会会员，上海诗词学会理事、上海楹联学会会员。著有《弘毅山房诗钞》《汉风阁辞赋集》《篁庐诗话》《篁庐联稿》等。

登天柱山

八皖来筇底，群山失混茫。石林齐化笋，云海忽生桑。
岩罅松杉古，峰尖草药香。涧潭值樵子，共挹帝台[1]浆。

赵朴初故居

鲤庭[2]事业但书香，奕代清芬泽正长。
穆若春风居士杳，樱花作雪飐空堂。

独秀园吊陈独秀

索居龙性总难驯，抱道荒江寂寞滨。
禹域而今谈德赛，溯源端合礼斯人！

李海蓉(1975—)

女，安徽芜湖人。在芜湖新兴铸管有限公司工作。芜湖诗词学会会员。

晚　秋

寒江唱晚风，倦鸟老梧桐。谁在秋声里，桥头一钓翁。

---

[1] 帝台:《山海经》有载，蚩尤或共工的后裔，一说是帝禹的另一种称呼。

[2] 鲤庭:典出《论语·季氏》，本指孔子的儿子孔鲤接受父训的故事，后指承受父训的地方。

千秋岁

嫦娥应妒，星汉佳期诉。轻拭泪，蟾宫舞。想将愁入酒，更把眉头蹙。风骤起，楚江浪卷天门柱。　　看尽千帆去，难遣相思句。何况又，风欺雨，想年来岁去，断魂天涯路。灯如豆，惜明日落花随处。

调笑令

垂柳，垂柳，曾是诗中旧友。一夜风雪江南，唯剩柔条万千。千万，千万，莫忘春来约见。

徐春芳(1976—)

女，曾用笔名芳菲，安徽望江人。1998年毕业于安徽师范大学中文系。当过教师、编辑、记者，现为公务员。著有新诗集《雅歌》。

长相思·咏春

问春风，怨春风，何事年年入幕栊，乱红寒雨中。思无穷，恨无穷，十里扬州谁梦同？天香染色空。

菩萨蛮·春日登楼

江南春到花儿闹，海棠树下佳人笑。指点此江山，英雄正少年。　　芳华莫炫好，一夜红颜老。独上最高楼，乾坤眼底收。

马　春(1977—)

女，安徽无为人。从事会计工作。现任无为县诗词学会副会长，《友声吟集》副主编。

感　事

中年丝竹可关情，世路嵚崎莫妄惊。
覆辙前车原有迹，赋狙残芧[1]又频更。
何辜世久沦贤劫[2]？未死人终有大争。
且向水云深处坐，片时安稳祝余生。

郊行有题

绕郭引徐步，风低秋气多。堤边仍菜甲[3]，雾外得山螺。
莫问屠龙术，还怜击壤歌。九衢尘已满，憔悴到烟萝。

蔡玉启(1978—)

安徽颍上人。文学学士，从事教育工作。安徽省诗词学会秘书长，中华诗词学会会员，全球汉诗总会安徽分会副会长，《中国诗》签约诗人，《当代校园文艺》编辑。

---

[1] 赋狙(jū)残芧(xù):成语“狙公赋芧”“朝三暮四”均出自《列子》中的一则寓言:宋国有个养猴人(狙公),他要限制猴的食量,先骗它们说:“给你们吃的橡子,早上三个,下午四个。”猴们都跳起来发怒。他又说:“那就早上四个,下午三个。”猴们都趴在地上表示高兴。

[2] 贤劫:佛教语,指有千佛出世的现在劫。与过去庄严劫、未来星宿劫并称为三大劫,为佛教宏观的时间观念之一。

[3] 菜甲:蔬菜初生芽叶。白居易《二月二日》诗:“二月二日新雨晴,草芽菜甲一时生。”

立冬感怀

雨过兰窗寒入梦，风吹竹坞冷侵诗。
素心怯月鱼何在？青眼愁云雁不知。
淝水荷枯霜落早，珠城菊瘦雪翻迟。
添衣未暖频添酒，一醉梅香或有期。

杨良月(1979—)

安徽繁昌人。现任芜湖诗词学会常务理事，《滴翠诗丛》编委。

张孝祥遗迹咏怀三首

镜　湖

江城如画嵌明珠，风月无边说镜湖。
暮雨朝云千载下，烟波桥畔柳扶疏。

归来堂

庙堂枉对平戎策，寄兴何妨归去来！
化鹤有灵通帝所，清风无尽忆仙才。

状元坊

危樯日暮下芜关，青琐朝班识圣颜。
梦里家山须小住，仙乡也拟到人寰。

张　雷(1990—)

安徽亳州人。皖南医学院法学专业毕业，常州大学石油化工学院研究生辅导员。芜湖诗词学会会员。

春游水乡

细雨沾衣未觉凉，清波十里漾心房。
蛙声迎客禾苗秀，鹭影含情茶树香。
四野芳菲怡倦眼，满船笑语伴归航。
山重水复频回首，一缕炊烟挂夕阳。

编后记

为纪念芜湖诗词学会成立30周年暨《滴翠诗丛》创刊30周年，芜湖诗词学会决定选编一本《滴翠诗丛选粹》。这是芜湖市第一部正式出版的改革开放以来发表的传统诗词作品选集，作品全部从《滴翠诗丛》第1—41期已发表的稿件中选用。每位作者入选诗词不超过5首，作品内容基本不作改动。

本书编委会由主编周正环，副主编张应中，编委孙大科、李学槐、杨良月、钱履正等六人组成。由周正环负责选校《滴翠诗丛》第1—19期、第40期、第41期的作品并负责全书统稿工作，李学槐负责选校第20—29期的作品，张应中负责选校第30—39期的作品，全体编委共同负责本书的选稿、编辑、校对和作者简介的搜集、核实等工作。方竚、刘彪、孙文光、吴季华、胡炳生等五位诗家负责审稿。马燕、李士钦、姚建国负责编务。

本书坚持思想内容与艺术质量并重，力求选出精品。经过反复比对和筛选，最终选定了478位作者的1 070首诗词作品。这本选集的内容可大体反映出芜湖市自改革开放以来传统诗词创作的概貌，是《滴翠诗丛》已发表作品中的精粹之作，既是芜湖三十年来文化建设的一项成果，也是留给后人的一份文化遗产。

本书主要特点，一是本书选稿采取作者自选代表作与编者全面遴选相结合的方法，以作品质量为唯一取舍标准，求精而不求全。二是作者年龄相差较大，最早的生于1889年，最晚的生于1990年，前后相差101岁。入选作品按作者出生年份排序，时代脉络清晰。每位作者都附有“作者简介”，以便于现在和今后的读者、研究者查考。此外，编者对书中一些特别的典故和人物作了简短的“编者注”，以方便更多的读者阅读理解。

本书入选作者大多是芜湖诗词学会会员，也有部分外地诗家，包括一些蜚声海内外的诗词名家，他们都与芜湖有着一定的渊源，《滴翠诗丛》则是连接大家的共同纽带。由于入选本书的不少作者已谢世多年，有的作者已经移居海外，难以取得联系。为了搜寻这些作者的生平简况，本书编委和学会的许多诗友投入了大量时间精力，力求为后人留下切实可靠的资料。

在寻访一些已故作者生平的过程中，我们的内心屡屡受到震撼。他们当中，有张恺帆、周暮樵、丁之、程介一这样一些经受过革命战争洗礼的领导干部，也有苏步青、宛敏灏、张涤华、祖保泉这样一些足以名垂后世的学界大家，还有汪稚青、郭珍仁、史咏梅、刘珍明这样一些学养深厚、饱经忧患的平民知识分子。他们的人生如同一部部精彩纷呈的传奇，令人为之倾倒、为之扼腕、为之感慨唏嘘。寥寥几行“作者简介”，实难展现其人生华彩。好在读者可以通过作品结识这些高贵的灵魂，感受到他们的博大胸襟、浩然正气与大爱情怀。

本书选编过程中，得到芜湖市委、市政府有关部门、许多本会诗友、外地诗家以及兄弟学会和兄弟诗刊同道们的大力支持，原芜湖市委书记金庭柏先生慨然应约为本书撰写了精彩的序言，在此一并致以深切的谢意。书中疏误失当之处，尚祈读者批评指正。

周正环

2016年7月